AF403488

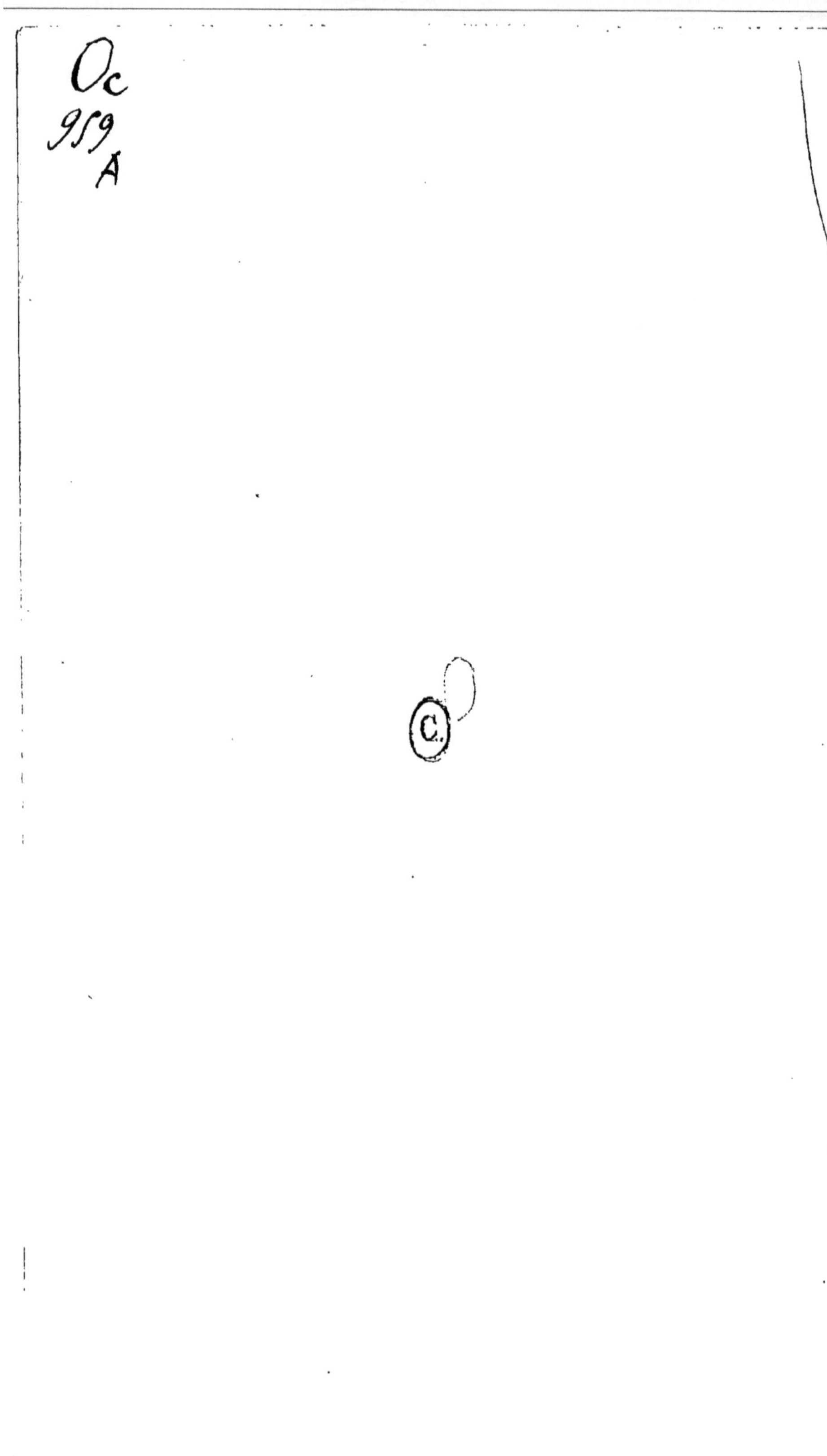
Oc
959
A
Ⓒ

QUELQUES CONSIDÉRATIONS

SUR

LA RÉVOLUTION D'ESPAGNE

ET SUR

L'INTERVENTION DE LA FRANCE.

PAR M. CLAUSEL DE COUSSERGUES,

MEMBRE DE LA CHAMBRE DES DÉPUTÉS.

DEUXIÈME ÉDITION,

REVUE, CORRIGÉE ET CONSIDÉRABLEMENT AUGMENTÉE.

PARIS,

A. EGRON, Imprimeur-Libraire, rue des Noyers, n° 37 ;
N. PICHARD, Libraire, quai Conty, n° 5 ;
G. DENTU. Imprimeur–Libraire, au Palais-Royal.

20 MAI 1823.

On trouve chez les mêmes Libraires :

Projet de la proposition d'accusation contre M. le duc Decazes, Pair de France, ancien Président du Conseil des Ministres, ancien Ministre de l'Intérieur et de la Police générale du Royaume, à soumettre à la Chambre des Députés, par M. CLAUSEL DE COUSSERGUES, Membre de la Chambre des Députés, Conseiller à la Cour de Cassation, chevalier de l'Ordre royal et militaire de S.-Louis, Officier de l'Ordre royal de la Légion d'honneur. 4e édition, augmentée de deux réponses à l'écrit de M. le *comte d'Argout*, Pair de France, sur ce projet d'accusation ; vol in-8° de 460 pages.   6 fr.

Quelques Considérations sur la marche du Ministère, distribuées à la Chambre des Députés le 31 juillet 1821, précédées d'un Discours prononcé, dans la séance du 16 juin précédent, sur la police (dirigée par MM. Mounier et Anglez), 2e édit., suivie d'une réponse aux Apologies du Ministère, insérées dans divers n°s du *Moniteur* du mois d'août, même année, par le même; vol. in-8° de 200 pages.   2 fr. 50 c.

Quelques Considérations sur la marche du parti libéral dans les premiers mois de 1822, et sur certains Discours de ses Députés, précédées d'un Discours sur la Pétition-Loveday. Seconde édition, augmentée des Réponses à tout ce qui a été publié contre cet écrit. 1 vol. in-8°.   2 fr.

Une grande partie de cet ouvrage, ainsi que du précédent, est relative à la révolution d'Espagne et à la nécessité de l'intervention de la France.

AVERTISSEMENT

*Mis à la tête de la première partie de cet écrit,
publiée le 10 avril 1823.*

En 1821 et en 1822, j'ai distribué à la Chambre des Députés des écrits où je parlais de la nécessité de secourir l'Espagne contre les révolutionnaires qui tenaient le roi en captivité et qui opprimaient la nation. Ces écrits m'ont procuré la correspondance des hommes les plus distingués de l'émigration espagnole. J'ai acquis par leurs lettres et dans leurs entretiens une grande connaissance des faits ; et j'ai lu d'ailleurs tout ce que les *libéraux* ont écrit sur ce sujet en France et en Espagne. Le discours que je prononçai dans la séance du 6 mars dernier contenait la substance de ce que j'avais appris par ces deux voies : j'ai cru devoir publier les preuves de ce que j'ai dit à la tribune.

AVERTISSEMENT

Sur la deuxième partie de cet écrit, publiée le 20 mai 1823.

Les dix premiers chapitres de cet écrit ont eu pour objet de prouver que la rébellion militaire de l'île de Léon avait été entièrement opposée au vœu du peuple espagnol, et qu'ainsi il n'était pas question de faire la guerre *contre* l'Espagne, mais *en faveur* de l'Espagne.

Pendant que le roi de France faisait marcher son armée pour rétablir le trône de Ferdinand VII, on blâmait en Angleterre le principe de cette guerre; on faisait des vœux pour le succès des rebelles; et la funeste doctrine de la *souveraineté du peuple* était proclamée par le *ministère* comme par *l'opposition.* Un pareil scandale politique, donné par la nation de l'Europe qui s'est le plus occupée de l'art du gouvernement, a été une nouvelle preuve que la religion seule pouvait donner de la stabilité aux états. J'ai cru faire une chose utile de réunir dans un petit nombre de pages quelques faits et quelques réflexions sur cet important sujet.

J'ai aussi opposé à ces doctrines des Anglais d'aujourd'hui les principes des grands hommes d'état qui ont illustré leur nation.

TABLE

De la première partie, publiée le 10 avril.

TABLE

De la deuxième partie, publiée le 20 mai.

OPINION

SUR

LA GUERRE D'ESPAGNE (1),

Prononcée dans la séance de la Chambre des Députés, le 6 mars 1823,

PAR M. CLAUSEL DE COUSSERGUES,

DÉPUTÉ DU DÉPARTEMENT DE L'AVEYRON.

MESSIEURS,

On ne peut opposer au projet de loi actuellement en discussion, que les mêmes raisons par lesquelles on a combattu le projet de loi relatif aux cent millions. La question est toujours la même : La guerre d'Espagne est-elle nécessaire ? Tout a été dit à ce sujet. Je me bornerai à rappeler quelques faits qui prouvent jusqu'à l'évidence qu'il ne s'agit pas de faire la guerre *contre*

---

(1) L'objet direct de la discussion était le projet de loi relatif au rappel des militaires libérés le 31 décembre 1822.

l'Espagne, mais en *faveur de l'Espagne* contre une conspiration militaire qui, pour l'intérêt des seuls conspirateurs, a tenté d'établir une sorte de gouvernement entièrement contraire aux mœurs et à la volonté de la nation ; que, par conséquent, dans cette guerre, la France ne sera que l'*auxiliaire de l'Espagne*. Permettez-moi, Messieurs, quelques détails ; il est important qu'ils soient universellement connus au moment où l'armée de S. M. s'avance vers les frontières d'Espagne.

Je prendrai mes premières preuves dans les actes mêmes des *Cortès*. Pendant que les braves Espagnols combattaient contre Buonaparte, quelques hommes sans mission composaient, dans Cadix, la constitution républicaine de 1812. Lorsque l'Espagne fut délivrée, osèrent-ils soumettre cette prétendue constitution à l'acceptation des villes et des provinces ? Non, Messieurs, ils prescrivirent à tout Espagnol d'y obéir, sous peine d'être privé de toutes fonctions publiques, et même d'être banni de l'Espagne. Cette première persécution ne fut pas longue, à cause du retour du Roi : les *Cortès* eurent cependant le temps de chasser de son siége le saint évêque d'O-rense qui, pendant neuf ans, avait donné l'hospitalité à trois cents prêtres français déportés, et qui ne voulut pas reconnaître un acte illégal et violent qui devait produire en Espagne une révolution semblable à celle de France.

Le roi d'Espagne, après sept ans de prison, arrive sur les frontières de son royaume. On croirait d'abord que les *Cortès* qui ont imposé une constitution à la nation, voudront au moins avoir l'assentiment du roi. Non, Messieurs, les *Cortès* décrètent au contraire que le roi se rendra en ligne droite à Madrid sans pouvoir faire aucun acte de l'autorité royale jusqu'à ce que, en présence des *Cortès,* il ait prêté serment à la constitution. Ferdinand, après un si long exil, ne trouva donc plus de sujets, mais des maîtres, et des *maîtres absolus.* Il fut prisonnier en Espagne comme en France; toute la différence fut qu'au lieu d'avoir pour limites de sa prison les murs du parc de Valençay, il fut gardé par les soldats des *Cortès* sur la grande route du Roussillon à Madrid. Le monarque obtint cependant de cette garde de visiter la fidèle, l'*héroïque* ville de Saragosse, qui n'était pas sur la route qu'on lui avait prescrite. Les Cortès furent fort courroucées de cette désobéissance du roi : M. le comte de *Toreno,* l'un des auteurs de la constitution de Cadix, a imprimé, dans un livre qu'il a publié à Paris, que ce passage par Saragosse *était déjà une contravention au décret des Cortès.* Je cite ses propres termes. Cette double violence envers la nation et envers

p. 68.

le roi prouve assez que le gouvernement dit *Constitutionnel* qui fut aboli à l'arrivée du roi dans Madrid, aux acclamations de la capitale et de toute l'Egpagne, n'était que l'œuvre d'une faction.

Mais une preuve plus forte encore, ce sont les attaques des *Cortès* contre la religion. Tout le monde sait que ce qui caractérise le plus la nation espagnole, c'est son attachement à la religion catholique. Les auteurs de la constitution de Cadix en ont rendu le plus mémorable témoignage, puisqu'ils se sont cru obligés de s'exprimer ainsi, art. 12 : « La religion de la nation es- « pagnole est et sera perpétuellement la religion « catholique, apostolique et romaine, la seule « vraie. La nation la protége par des lois sages « et justes, et défend l'exercice de toutes les « autres. »

Voilà l'opinion universelle à laquelle les *Cortès* furent forcées de rendre hommage. Mais veut-on savoir comment les auteurs, les amis de cette constitution s'en expliquent eux-mêmes ? Dans des lettres imprimées à la suite de l'écrit de M. le comte de *Toreno*, déjà cité, on lit ce qui suit :

p. 124. « Les législateurs de 1812 ont dû payer au pré- « jugé universel un tribut aussi honteux. » Et à la page suivante on lit encore : « En 1812, pendant « que les moines excitaient le peuple contre les

(v)

« Français, en les déclarant hérétiques, les Cortès
« abolissaient les moines ; et les moines et le peu-
« ple se taisaient. En dernier lieu, lorsque le pape
« refusa les bulles de deux évêques nommés par
« le gouvernement, un homme d'état qui con-
« naissait bien la nation, disait : « *Que la cour*
« *de Rome prenne bien garde à ce qu'elle fait ;*
« *elle ne sait pas que le peuple espagnol a* telle-
« ment de bon sens, *qu'en moins de dix années*
« *il pourrait devenir* athée. » Voilà où les
hommes d'état des Cortès aspirent de mener la
nation espagnole.

M. le comte de *Toreno* dit lui-même sur cet
article 12 : « Ajoutez qu'il sera facile avec le
« temps, à l'aide de la *discussion* et de la *li-*
« *berté établie*, de propager les idées saines à
« cet égard, de faire comprendre combien il est
« juste et nécessaire de respecter la liberté de
« tous les cultes, et qu'alors, surtout si le nombre
« des étrangers s'est sensiblement accru , l'Es-
« pagnol catholique verra , sans se scandaliser,
« le temple protestant s'élever à côté de son
« église ; et la vue d'une *mosquée* ou d'une
« synagogue ne lui inspirera pas plus d'horreur
« qu'elle n'en inspirait à ses pères avant l'éta-
« blissement de l'Inquisition. »

Ainsi, ces législateurs de Cadix annonçaient
que le culte catholique continuerait à être le seul

p. 34.

en Espagne ; et , peu d'années après , ils ne crai-
gnent pas de manifester l'espérance de voir élever
des *mosquées* dans ce pays qui a combattu pendant huit cents ans, non par les procédures de
l'Inquisition , mais par cent batailles, pour faire
disparaître les mosquées de la péninsule espagnole.

Ailleurs, et dans les temps anciens et dans
les temps modernes, les révolutionnaires se cou-
vraient de l'intérêt du peuple, et ils opposaient
les plébéiens aux patriciens. Les conspirateurs
espagnols n'ont pas même ce prétexte, ils sont
tous de la classe privilégiée. M. *Corradi*, rédacteur des procès-verbaux des *Cortès*, qui a enrichi
de notes précieuses l'ouvrage de M. le comte de
Toreño, nous apprend : « qu'on ne comptait dans
« les Cortès constituantes de Cadix et dans celles
« constituées de 1813 à 1814, que *trois* députés
« plébéiens. » M. le baron Bignon, dans un
important ouvrage, rend le même hommage au
libéralisme des barons napolitains ; et vous vous
souvenez que lorsqu'à Turin on publia aussi la
constitution des Cortès, de jeunes patriciens, de
jeunes seigneurs de la cour furent les seuls chefs
de la conspiration. Les révolutionnaires espagnols
sont aussi étrangers au peuple que l'étaient les
complices de Catilina. Mais vous ne les verrez
pas comme le conspirateur romain , laisser deux

mille hommes sur le champ de bataille ; leur modèle est dans les *Abbruzzes* et à Alexandrie.

Je ne quitterai pas cette tribune sans répondre
aussi par quelques faits à ce qu'on ne cesse de ré-
péter, que nous voulons soumettre l'Espagne à
l'Inquisition et au *pouvoir absolu*. M. de Marti-
gnac vous a lu hier des passages fort remarquables
de l'Itinéraire de notre honorable collègue M. de
La Borde, au sujet de l'Inquisition. Je pourrais
vous citer des passages aussi formels de l'ouvrage
de M. Bourgoing sur l'Espagne, qui a paru la
première fois en 1789, et la dernière en 1807 ;
l'on voit dans ces éditions publiées, à dix-huit ans
d'intervalle, que l'Inquisition ne s'occupait plus
qu'à empêcher la circulation des livres impies.
Aussi remarquez qu'on ne nous a jamais parlé à
cette tribune de l'Inquisition, que personne ne
veut rétablir, qu'on n'y ait joint aussi les Jésuites ;
et par Jésuites on ne peut plus entendre que les
prédicateurs de l'Evangile.

Quant au pouvoir absolu, plusieurs ouvrages
ont été publiés depuis deux ans sur les affaires
d'Espagne, par les royalistes espagnols ; vous
n'en trouverez pas un seul qui ne réclame les anciennes libertés de la nation ; et comme l'a dit
M. le ministre des affaires étrangères : « Assez de
« libertés nationales reposent dans les lois des
« anciennes Cortès d'Aragon et de Castille, pour

« que les Espagnols y trouvent à la fois un remède
« contre l'anarchie et le despotisme. » Ferdinand
VII, en rentrant en Espagne, promit de convoquer les anciennes Cortès : il est notoire que le
conseil de Castille s'était occupé d'un grand travail relatif à cette convocation, afin d'accorder
ou de rapprocher le plus qu'il est possible les
anciennes lois politiques des diverses parties de
l'Espagne ; la réunion de ces Cortès légitimes devait avoir lieu à la fin de 1820. Le Roi, pour
mettre fin aux troubles, en ordonna la convocation le 6 mars ; le lendemain quelques conspirateurs assaillirent le palais ; et par les plus atroces
menaces, non-seulement contre la famille royale,
mais contre tout ce que renfermait de plus respectable la ville de Madrid, ils arrachèrent au
monarque la signature de la constitution de Cadix, et le chef des conspirateurs s'empara aussitôt
de tout le pouvoir.

Le gouvernement de Ferdinand VII avait été
atroce, nous a-t-on dit à cette tribune ; vous ne
regretterez pas, Messieurs, un moment employé
à entendre la vérité sur un monarque si souvent calomnié ; ce prince est de la race de Saint-
Louis, il ne nous est pas étranger.

Pendant un règne de six ans, de 1814 à 1820,
trois hommes seulement ont subi en Espagne la
peine capitale pour crime politique. Cette peine a

été prononcée par les tribunaux ordinaires et réguliers, et le roi Ferdinand n'est intervenu dans
le jugement de ces chefs de conspirations que
pour faire grâce à tous les complices.

A ces injures calomnieuses contre le roi Ferdinand qui ont excité tant d'indignation dans
cette Chambre, j'opposerai le témoignage des
Cortès même. Elles ont fait graver dans leur salle,
sur le marbre, le martyrologe des *héros de la liberté* sous la *tyrannie* de Ferdinand ; eh bien !
ce marbre *immortel* ne porte que deux noms,
celui de *Porlier*, qui voulut s'emparer de la
place de la Corogne, et celui de *Lasey*, qui tenta
de surprendre la citadelle de Barcelone. Une
sorte de pudeur a empêché les Cortès d'y joindre
le nom de *Richard*, parce que celui-ci, régicide
vulgaire, n'avait pas tenté une insurrection, et
qu'il s'était borné à vouloir assassiner le roi dans
une rue de Madrid.

Ceux qui connaissent l'Espagne, savent que ce
qui a fait le succès de la conspiration militaire de
1820 a été la malheureuse confiance que Ferdinand VII avait accordée à des traîtres, et à des
traîtres qui, dans un pays renommé pour la fidélité à ses rois, se sont vantés (chose bien digne des
révolutionnaires modernes) d'une trahison qu'ils
auraient méditée pendant six années.

C'est à des hommes de ce caractère que l'armée

Roi de France aura à faire la guerre, et non du
à la nation espagnole qui ne cesse de réclamer les
secours de l'auguste chef de la maison de Bourbon.
Je vote pour le projet de loi.

(Extrait du Moniteur du 7 mars).

QUELQUES

CONSIDÉRATIONS

SUR LA

RÉVOLUTION D'ESPAGNE.

Mon objet est de développer ce que j'ai dit à la tribune, le 6 mars dernier :

Il ne s'agit pas de faire la guerre à l'Espagne, mais en faveur de l'Espagne, contre une conspiration militaire, qui, pour l'intérêt des seuls conspirateurs, a tenté d'établir une sorte de gouvernement entièrement contraire aux mœurs et à la volonté de la nation.

CHAPITRE PREMIER.

De l'opinion de la nation espagnole sur la révolution, jusqu'à la réunion des Cortès de Cadix.

Les révolutions qui ravagent ou menacent l'Europe n'étant que la pratique des doctrines politiques de la philosophie moderne (1), l'Espagne, qui avait repoussé avec le plus de soin les livres des prétendus philosophes, fut aussi de toutes les nations de l'Europe celle qui montra le plus d'horreur pour les crimes produits par la révolution française. On peut entendre sur ce sujet M. *de Pradt* : « .... Si cet attentat (du 21 janvier)

Mémoires sur la Révolution d'Espagne, p. 3.

(1) Dès 1770, M. l'avocat-général Séguier s'exprimait ainsi dans son réquisitoire au Parlement, en dénonçant le livre intitulé : *Système de la Nature*, et six autres ouvrages impies et séditieux : « Il s'est élevé au milieu de nous une secte impie et audacieuse ; elle a décoré sa funeste sagesse du nom de philosophie : sous ce titre imposant, elle a prétendu posséder toutes les connaissances. Ses partisans se sont érigés en précepteurs du genre humain. *Liberté de penser*, voilà leur cri ; et ce cri s'est fait entendre d'*une extrémité du monde à l'autre* : d'une main ils ont tenté d'ébranler le trône, de l'autre ils ont voulu renverser les autels. Leur objet était d'éteindre la croyance et de faire prendre un autre cours aux esprits sur les institutions religieuses et civiles ; et la révolution s'est pour ainsi dire opérée. Les prosélytes se sont multipliés, leurs maximes se sont répandues, *les royaumes ont senti chanceler leurs antiques fondemens* ; et les nations, étonnées de trouver leurs principes anéantis, se sont demandées par quelle fatalité elles étaient devenues si différentes d'elles-mêmes..... »

glaça l'Europe d'effroi, il porta la flamme dans le cœur des Espagnols ; et ce peuple, trop ardent pour contenir les impressions qu'il reçoit, se précipita sur les Français qui se trouvaient en Espagne, sans entrer dans aucune des considérations qui devaient faire reconnaître dans ces hommes, attirés ou fixés en Espagne par les seules vues de leurs intérêts privés, des êtres étrangers à l'événement qui provoquait leur haine. Dans un instant le feu gagna la nation ; tous les bras s'offrirent, et toutes les bourses s'ouvrirent. L'Espagne dépassa tout ce qu'à aucune époque de l'histoire moderne on connaît d'offrandes offertes par le patriotisme aux gouvernemens qui ont réclamé son appui. Ainsi, tandis que sous l'Assemblée Constituante la France n'avait fourni qu'une somme de 5 millions (pour la contribution volontaire, qu'on appela *don patriotique*), tandis qu'à l'ouverture de cette même guerre, en 1793, l'Angleterre n'élevait ses largesses qu'à la somme de 45 millions, l'Espagne offrait en don volontaire celle de 73 millions. C'est sûrement le *don patriotique* le plus riche qui ait été fait par aucun peuple moderne. »

Le ministre de France à Madrid fut obligé de quitter l'Espagne dès qu'on y eut appris la mort de Louis XVI. Voici comment ce ministre (M. Bourgoing) peint l'impression qu'avait produite cet horrible événement dans la principale ville qu'il trouva sur sa route. « Valence était alors le théâtre d'une des plus violentes insurrections du *fanatisme royal et religieux* contre la nation française. Tout ce qui par son nom ou par son origine tenait à cette nation était exposé aux fureurs du peuple. Pour les réprimer, don Vittorio Navia, qui commandait dans le royaume de Valence, eut besoin de toute sa vigilance et du déploiement du peu de force armée qu'on avait laissé dans sa capitale. »

Au mois de février suivant, le Roi d'Espagne déclara la guerre à la république française. La *Convention* avait espéré de faire la guerre à ce monarque en soulevant ses sujets, et en particulier les Catalans. « Mais, dit M. Bourgoing, les Catalans se montrèrent plus susceptibles encore d'être électrisés par le *fanatisme* que par l'amour de la liberté, et les prêtres parvinrent facilement à déjouer les menées des *missionnaires* de la révolution française. » La fidélité du peuple espagnol ne fut pas secondée par le gouvernement : un favori, qui ne s'occupait que de sa fortune particulière, ne pouvait soutenir une pareille guerre. Les Français passèrent l'Ebre, bientôt menacèrent Madrid; le 4 août 1794, *Emmanuel Godoy* signa un traité de paix avec la *Convention*, et prit le titre de *Prince de la Paix*.

Un an après, le même ministre signa un traité d'*alliance* avec le *Directoire*, d'après lequel les deux puissances devaient se fournir mutuellement, en cas de guerre défensive ou *offensive*, quinze vaisseaux de ligne et vingt-quatre mille hommes. Cette alliance peut être regardée comme la première cause de la perte de l'Epagne.

Pendant que Bonaparte avait ces quinze vaisseaux et ces vingt-quatre mille hommes à son service, que douze mille braves Espagnols faisaient pour lui la guerre en Danemarck, il prit la résolution de s'emparer de l'Espagne. Il conclut avec le *Prince de la Paix*, le 27 octobre 1807, le traité de Fontainebleau, dont le but apparent était de faire la guerre au Portugal. L'art. 2 était ainsi conçu : « La province d'Alentejo et le *royaume* des Algarves seront donnés en toute propriété et *souveraineté* au *Prince de la Paix.* »

Pampelune, Barcelonne, toutes les places sont livrées à l'armée française qui arrive à Madrid. L'indignation universelle contre le favori décida l'abdication de Charles IV. On sait assez comment la famille royale, entourée des forces de Napoléon et exposée aux piéges d'un pareil homme, fut amenée à Bayonne. Le plus jeune des *infants* était resté à Madrid : *Murat* le fait enlever le 2 mai 1808. Le peuple de Madrid se soulève, et il est *mitraillé* par l'armée de *Murat.* C'est alors que commença l'insurrection de l'Espagne. Ici nous laisserons parler un témoin non suspect, un officier anglais qui vient de publier ce qu'il *a vu*, servant dans l'armée anglaise en Espagne.

La Crise de l'Espagne, traduction de M. Donatien de Sesmaisons, p. 36.

« Le massacre de Madrid eut lieu le 2 mai : dès qu'il fut connu dans les provinces, l'insurrection devint générale ; elle éclata d'abord dans les Asturies le 25, et bientôt elle se répandit dans toute la monarchie..... C'est à tort que des observateurs superficiels ou qui ont formé leurs opinions dans des ports de mer ou dans de grandes villes commerçantes, ont assigné divers motifs à la conduite des patriotes Espagnols, et ont appelé *révolution* cette résistance populaire à l'usurpation. Les seuls motifs de la grande masse du peuple étaient l'indépendance de leur pays, et le maintien de leur religion, de leurs institutions et de la monarchie. Toutes les adresses, toutes les proclamations et tous les discours au peuple afin d'exciter sa résistance et pour le guider, montrent assez que toutes les idées populaires étaient *contre la révolution* et *non point pour elle.* On a publié assez de documens publics auxquels nous pouvons renvoyer le lecteur pour preuve de ce que nous avançons (1)....

p. 38.

« Partout où s'étendait l'insurrection on formait des juntes. Dans toutes, les prêtres siégeaient, afin d'unir

---

(1) Voyez particulièrement la belle et excellente Histoire de la Guerre de la Péninsule, par Southey.

(Note de l'écrivain anglais.)

la *foi nationale* avec le patriotisme du peuple. Ces juntes firent paraître les proclamations les plus énergiques, et partout le cri de guerre était « pour *notre sainte religion*, notre Roi et l'indépendance de notre pays.... La junte centrale de Séville adopta cet esprit, et le rendit encore plus positif en s'adressant au peuple par une proclamation conçue en ces mots : Espagnols, tout vous appelle à vous unir et à prévenir des desseins si atroces. *Nous ne voulons point de révolution* en Espagne ; notre seul objet est de défendre ce que nous regardons comme le plus sacré, contre celui qui, sous le voile d'une alliance, voulait nous ravir nos lois, notre monarque et notre religion. Espagnols, votre pays, vos propriétés, vos lois, votre liberté, votre Roi, *votre religion*, VOS ESPÉRANCES DANS UN MONDE MEILLEUR, que cette religion peut seule offrir à vous et à vos descendans, tout cela est en péril ; tout cela est menacé du danger le plus grand et le plus pressant ! »

« L'évêque d'Orensé, prélat dont la vertu faisait l'ornement de l'Eglise, s'adressait au peuple dans les mêmes termes, et produisait l'effet le plus puissant. C'était lui qui avait le plus contribué à faire naître et à diriger la résistance des habitans de la Galice dans cette partie de la province où son diocèse était situé ; et son caractère, son influence et son patriotisme étaient si bien connus, que l'on attacha le plus grand prix à le nommer membre de la régence. »

Les *bulletins* du siége de Saragosse, qu'on lit dans le *Moniteur*, sont d'accord avec l'auteur anglais. On n'y attribue qu'à l'influence des prêtres le courage plus qu'héroïque des habitans de cette ville qui, à défaut de remparts, se défendirent pendant plusieurs mois, maison par maison, causèrent ainsi une perte immense à l'armée de l'usurpateur, et dûrent lui annoncer qu'il ne subjuguerait jamais un peuple résolu à se sacrifier pour sa religion et ses antiques lois. Bonaparte se vengea sur les moines, il les déclara prisonniers de guerre partout où il fut le maître, et il les envoya en France par milliers.

CHAPITRE II.

*De l'opinion de la nation espagnole sur la révo-
lution, depuis la réunion des Cortès de Cadix,
jusqu'au retour de Ferdinand VII en Espagne.*

« *En 1812, pendant que les moines excitaient le
peuple contre les Français, en les déclarant hérétiques, les Cortès abolissaient les moines, et les
moines et le peuple se taisaient.* »

J'AI rapporté dans mon discours cette phrase *Paris, chez*
du collaborateur du comte de *Torreno*, l'un *Corréard,*
des membres des Cortès de Cadix. Ainsi les Cor- *1822,*
tès et Bonaparte traitent en même temps les mê- *p. 125.*
mes hommes en ennemis : ils insultent en même
temps les *moines et le peuple*, auxquels ils recon-
naissent les mêmes sentimens. Quels sont donc
ces nouveaux tyrans de l'Espagne ? C'est ce qu'il
convient d'expliquer.

De même qu'au seizième siècle, quelques secta-
teurs de Luther parvinrent à faire de fougueux
prosélytes chez les peuples de l'Europe les plus
attachés à la foi catholique, et à former au milieu
de ces peuples des partis très-actifs et par consé-

quent très-dangereux et très-puissans ; de même la philosophie de Rousseau et de Diderot pénétra en Espagne, après le funeste traité d'alliance entre la France et l'Espagne, qui établit des rapports continuels entre les deux pays : et de même aussi qu'au seizième siècle, les nouveautés portées d'Allemagne en France, séduisirent d'abord la jeunesse qui fréquentait l'Université de Paris ; de même la *philosophie* française se propagea dans l'Université de Salamanque et dans les autres Universités d'Espagne ; les livres de nos *philosophes* se répandirent et furent lus avec avidité dans toute la péninsule (1). Ces nouveaux secta-

---

(1) On lit dans les lettres d'un ami du comte de *Torreno*, publiées avec l'ouvrage de ce député des *Cortès constituantes* : « Durant la guerre de l'indépendance, Riego resta deux ans prisonnier en France, et il employa ce temps à orner son esprit par la lecture des *bons livres français*. » On sait assez ce que l'écrivain *libéral* entend par ces *bons livres*. Cependant il est utile de voir quels sont ces livres que les *libéraux*, devenus les maîtres, ont fait traduire pour l'instruction de l'Espagne depuis trois ans :

p. 170.

Aventuras de Foblas, traducidas al español por don S. A. Llorente.
Belisario por Marmontel.
Bosquejo de una pintura historica de los progresos del entendimiento
    humano por Condorcet.
Cartas persianas.

teurs du matérialisme ne se trouvèrent plus disposés à renoncer aux jouissances de la vie pour
mourir comme les habitans de Saragosse, autour
de leurs églises. Ceux qui pouvaient quitter leur
pays, gagnaient les provinces qui n'étaient pas
encore le théâtre de la guerre; la colonie philosophique, ramassée de toutes les parties de l'Espagne, fut ainsi poussée jusque dans la presqu'île
inexpugnable de Cadix. Là, réunie aux Américains et aux étrangers de tous les pays qui abon-
daient dans cette ville, elle s'y trouva en force;
tandis que les *vieux chrétiens* de l'Espagne li-
vraient d'héroïques combats pour leurs autels et
leurs foyers, les disciples de J.-J. Rousseau dis-
sertaient sur le *Contrat social;* et ils finirent par

Comentario sobre el Espiritu de las Leyes port Destutt de Tracy.
Compendio del Origen de todos los Cultos, por Dupuis.
Contrato Social.
El Cristianismo a descubierto, por Boulanger.
Discurso sobre el origen y los fundamentos de la desigualdad de
    condiciones entre los hombres, por J.-J. Rousseau.
El Compadre Mateo, con laminas.
El Citador.
El Curso de politica constitucional, par Bejamin Constant.
El Buen sentido, o la sensatez deducida de la naturaleza, por el
    baron de Holbach.
Emilio, o de la Educaeion, por J.-J. Rousseau.
La Religiosa, por Diderot.
Las Ruinas, por Volney.
Moral universal, por St.-Lambert.
Sistema de la Naturaleza.

en proclamer toute la doctrine, sous le titre de Constitution espagnole.

L'écrivain anglais déjà cité, confirme ce que j'ai dit à la tribune, que des *hommes sans mission avaient composé, dans Cadix, la Constitution républicaine de 1812.*

p. 54.   « Presque toute l'Espagne étant occupée par les troupes de Napoléon au moment où les Cortès extraordinaires furent formés, peu de membres furent élus comme il convenait qu'ils le fussent par les villes et par les provinces de l'ancienne Espagne, qu'ils étaient censés représenter. Parmi les membres qui siégèrent comme députés des colonies, il y en avait eu encore moins de choisis par un corps d'électeurs régulièrement constitués. Il y avait à cette époque, à Cadix, un grand nombre de personnes que les troubles de la guerre avaient chassés des provinces. L'état des affaires y avait aussi rassemblé un grand nombre de négocians de l'Amérique du Sud, natifs ou non de ce pays. Il ne fut donc pas difficile de trouver des hommes appartenant de manière ou d'autre aux différens royaumes, cités, villes et provinces d'Espagne de l'ancien et du nouveau Monde; on en fit leurs représentans ostensibles. »

Lorsque les vrais Espagnols, ceux qui avaient défendu leurs foyers au lieu de s'enfuir à Cadix, eurent chassé Joseph Bonaparte de Madrid, et successivement de toute la péninsule, les philosophes de Cadix sortirent de leur asile avec leur œuvre constitutionnelle, et ils entreprirent d'y assujettir leur patrie. Ici il faut laisser parler les soixante-neuf députés des provinces d'Espagne qui adressèrent leurs fameuses représentations * à Ferdinand VII , à son arrivée à Valence.

* *Redigées principale-ment par M. le marquis de Mataflorida.*

« La barrière qui séparait Cadix du reste de l'Espagne, s'ouvrit enfin. On reconnut bientôt au langage de ceux qui venaient de cette ville, par les ordres qu'ils étaient chargés de communiquer et de répandre dans le public, *sans laisser d'autre alternative que l'aveugle obéissance ou la persécution ;* on reconnut ce nouvel état de choses inquiétant et énigmatique, qu'il était impossible d'expliquer, si l'on n'était admis au secret des auteurs de l'énigme. On parlait d'un nouveau système et d'un changement général introduit jusque dans les mots, dont le sens jusque-là n'avait jamais été équivoque, mais qui ne pouvaient plus conserver leur première définition. Une foule de lois faites sans examen, sans consulter les intérêts et les habitudes du peuple pour qui elles étaient faites, et dont le plus grand nombre ne respiraient que les doctrines françaises, auxquelles on avait juré une haine implacable ; voilà ce qui frappa d'abord tous les esprits. Nous vîmes que les évêques étaient exilés et expatriés, comme dans le temps des plus fortes persécutions de l'église, et sous divers prétextes qui sont inexcusables : nous vîmes l'état religieux presque éteint ; et c'était là en effet un des premiers soins de Napoléon. Nous vîmes l'armée entièrement négligée, dans un temps où l'on avait le plus grand besoin de forces, pour achever de chasser l'ennemi, et pour établir sur les Pyrénées une barrière insurmontable. Nous vîmes qu'on avait bouleversé et rendu odieux le système des finances, au milieu des besoins les plus urgens de l'Etat. Enfin, nos yeux fatigués de pleurer sur tant de disgrâces passées, aperçurent encore de nouvelles sources de larmes.

« Les travaux des cortès de Cadix, et les circonstances qui avaient donné naissance à cette assemblée, fixèrent d'abord notre attention. Il nous fut facile de reconnaître qu'elle avait oublié le décret de la *junte centrale* (1), les lois, les priviléges et les coutumes d'Espagne.

« Nous reconnûmes aussi que *le plus grand nombre de ceux* qui se disaient les représentans des provinces, avait fait partie de cette assemblée, sans avoir reçu de leur part aucun pouvoir spécial ni général; que, par conséquent, ces membres des cortès de Cadix n'avaient aucun titre à la confiance du peuple au nom duquel ils parlaient. »

L'écrivain anglais confirme tout ce que disent les soixante-neuf députés espagnols. :

p. 56 et 57. « Dès que les Cortès de Cadix commencèrent à faire une constitution, que l'on connut bientôt comme ayant une tendance démocratique, et ressemblant beaucoup

---

(1) Nous parlerons plus loin de ce décret de la *Junte centrale*.

à la constitution française de 1791, l'opposition, le mécontentement et la désunion commencèrent à se manifester dans toute l'Espagne.

« Les personnes mêmes qui avaient le plus contribué à exciter et à maintenir la résistance aux Français, abandonnèrent la cause quand ils aperçurent que le gouvernement agissait avec un tel dédain du but populaire de la guerre. L'évêque d'Orensé se retira de la régence, quand il vit qu'il ne pouvait plus arrêter cette tendance à la démocratie. Les chaires mêmes et la presse, d'où étaient parties ces adresses, qui d'abord avaient amené le peuple à la résistance, condamnèrent nettement les actes du gouvernement. Dans plusieurs lieux les peuples furent avertis que de plus longs efforts ne les conduiraient pas aux grandes choses qu'ils s'étaient proposées en prenant les armes; qu'un gouvernement créé par lui-même avait fait une constitution entièrement opposée à l'objet populaire de la guerre, et avait en quelque sorte *déposé le roi;* que conséquemment faire de plus grands efforts en faveur de ce gouvernement, c'était se révolter contre le gouvernement royal. *Nous nous rappelons tous* combien à une époque avancée de la guerre on se plaignait de l'apathie des Espagnols. Nous nous rappelons tous combien il paraissait incompréhensible que l'esprit d'enthousiasme qu'ils avaient déployé au commencement de la querelle, se fût sitôt évanoui. On en trouve ici la solution; elle expliquera ce fait, que depuis l'année 1811, les efforts des paysans étaient entièrement nuls. Les seules opérations irrégulières qui eurent lieu dès-lors n'étaient que celles des

guérillas. Ces bandes étaient composées, pour la plupart, des débris des armées espagnoles. Le plus grand
nombre, et certainement les plus actives d'entre elles,
étaient commandées par des personnes qui étaient dès
lors *liberales*; rien ne l'a mieux prouvé que le parti
que l'Empecinado, Mina, Porlier, el Pastor et beaucoup
d'autres ont pris depuis ce temps.

« Lorsque la constitution fut promulguée, il fut aisé
de voir, à la manière dont elle fut reçue par presque
toute l'Espagne, qu'elle n'était pas conforme à l'esprit
public. Des personnes qui étaient présentes quand elle
fut proclamée dans la capitale, dans les ports de mer
et dans les grandes villes commerçantes, ont pu en
penser autrement. Dans tous ces lieux elle flattait l'espérance favorite de retenir les colonies. Mais c'est un
fait que, dans la plupart des villes, dans tous les villa-
ges, et universellement parmi les paysans, dans l'intérieur des campagnes, elle fut reçue avec déplaisir, avec
dégoût, et dans beaucoup d'endroits avec horreur. »

CHAPITRE III.

De l'opinion de la nation espagnole sur la révolution depuis le retour du Roi, au mois d'avril 1814, jusqu'à la révolte des troupes de l'île de Léon, en janvier 1820.

Nous allons copier d'abord le récit de M. le comte de Toreno, membre des Cortès *constituantes.*

« Les *Cortès*... rendirent leur fameux décret du 2 février 1814, portant « que si Napoléon permettait au roi de revenir en Espagne, la famille royale rentrerait seule avec sa suite espagnole; qu'aussitôt qu'on serait informé de l'arrivée de S. M., le président de la régence irait la recevoir, et que le roi se rendrait en droite ligne à Madrid, sans pouvoir faire aucun acte de l'autorité royale, jusqu'à ce que se *trouvant libre* au sein des *Cortès*, il aurait prêté serment à la constitution; qu'à cet effet, il lui en serait remis un exemplaire; que, dès son arrivée à la frontière, on lui en lirait les dispositions, et que le président de la régence lui ferait ensuite le récit des principaux événements arrivés en Espagne pendant les six années de son absence.... Le roi fut reçu à la frontière de Catalogne par D. François Copons, général en chef de l'armée de

Page 65.

cette province, qui instruisait S. M. de tout, conformément aux ordres de la régence. S. M. parut adhérer
à la constitution et aux décrets des *Cortès*, et même
en être satisfaite tant qu'elle séjourna dans cette pro-
vince, et elle n'y fit aucun acte de son autorité. Cependant, au lieu de se rendre directement à Valence, elle
prit la route de Saragosse; *ce qui était déjà une con-
travention au décret des Cortès.* »

Voyons actuellement la narration de l'écrivain
anglais :

*La Crise
de l'Espagne,*
Page 70.

« Quand le pouvoir de Napoléon fut renversé, et que
Ferdinand, sorti de sa captivité, retourna en Espagne, sa première intention était certainement de se
rendre dans sa capitale, et là, d'accepter et de jurer
la nouvelle constitution, dont il n'avait cependant alors
qu'une connaissance très-imparfaite. En traversant son
royaume, mille considérations graves appelèrent ses réflexions sur le nouveau code. Une immense quantité
de personnes contraires à la constitution accoururent
vers lui de toutes parts.... Il reconnut que la royauté
avait été dépouillée de tout pouvoir, et que l'Espagne,
au lieu d'être une *monarchie modérée*, comme le
disait la nouvelle constitution, était plutôt une *démocratie absolue.* Peut-on trouver étonnant qu'il ait
hésité à reconnaître de pareilles institutions? Il s'arrêta
donc à Valence, où fortifié dans ses motifs d'opposition par des circonstances ultérieures, et certain de
l'appui de son armée, il se détermina à ne pas accepter
la constitution qui avait été faite pendant sa captivité.

Toutefois, avant que cette résolution eût été déclarée, des efforts furent faits pour persuader aux *Cortès* de consentir à des modifications; mais leur réponse fut *la constitution, toute la constitution, et rien que la constitution.* »

Cela était conséquent aux principes des *Cortès :* laisser entrer le roi en délibération sur la constitution, c'était porter atteinte au dogme fondamental de la *souveraineté du peuple* (1).

Les réclamations contre la *constitution* arrivèrent de tous les points du royaume. La Bis-

______

(1) Remarquons ici que les démagogues modernes entendent par *souveraineté du peuple*, la souveraineté qu'ils ont eux-mêmes usurpée. Les révolutionnaires de Cadix savaient à merveille que le peuple espagnol combattait pour sa religion et pour son roi, au moment même où ils attaquaient les ministres de la religion, et où ils déposaient le roi de toute *souveraineté.* — C'est ainsi que les ministres des *cent jours* décidèrent qu'un collége électoral *représentait* un département, pourvu qu'il s'y présentât assez d'électeurs *pour former le bureau ;* et ce fut d'après cette décision que quatorze électeurs, s'étant dit le collége électoral des Basses-Alpes, nommèrent M. Manuel; ce qui fut trouvé très-bien par l'assemblée des *représentans* qui avaient proclamé la *souveraineté du peuple* et le nouvel *empire* de Bonaparte.

caye, la Navarre, l'Arragon, la Catalogne demandaient leurs anciennes lois, et leurs priviléges
abolis par les *Cortès*. Le roi fit proclamer à Valence, le 4 mai, un édit ainsi terminé :

« D'après ces considérations, et de l'avis unanime
de personnes recommandables par leurs connaissances
et par leur zèle ; ayant égard aux représentations qui
me sont parvenues des différentes parties du royaume
sur l'extrême répugnance des Espagnols à accepter la
constitution décrétée par les Cortès généraux et extraordinaires ; ainsi que les autres institutions politiques nouvellement introduites ; voulant éviter les malheurs que
ces institutions ont déjà produits, et qui ne pourraient
qu'augmenter, *si je sanctionnais, par mon serment,
cette constitution ;* me conformant aux démonstrations
générales, que je trouve justes et bien fondées, de la
volonté de mes peuples, je déclare que *mon intention
royale est non-seulement de ne point jurer ou accepter
cette constitution*, ni aucun décret des Cortès généraux
et extraordinaires, et des ordinaires actuellement assem-
blés, et expressément les décrets qui attaquent les droits
et prérogatives de ma souveraineté, établis par la constitution et les lois qui ont gouverné la nation pendant si
long-temps ; mais de déclarer cette constitution et ces
décrets nuls et de nul effet pour le présent et pour
l'avenir ; que mes sujets, de quelque rang et condition
qu'ils soient, ne sont point tenus de les exécuter, et que
tous ceux qui chercheraient à les soutenir, en contredisant mes royales intentions à cet égard, soient regardés

comme ayant attenté aux prérogatives de ma souveraineté et au bonheur de la nation.

« Je déclare coupable de lèse-majesté et, comme
tel, punissable de la peine de mort, quiconque osera,
soit par le fait, soit par écrit, soit par paroles, exciter ou
engager qui que ce soit à l'observation ou exécution desdits décrets ou constitution.

« En attendant que l'ordre, et ce qui existait avant
l'introduction des nouveautés dans le royaume, soit
rétabli, et afin que l'administration de la justice ne soit
pas interrompue, ma volonté est que les tribunaux et
les administrations continuent leurs fonctions, jusqu'à
l'époque où, après avoir entendu les Cortès, que je convoquerai, le gouvernement du royaume soit établi
d'une manière stable..... »

Moi, le Roi.

Le général *Elio* commandait à Valence, et
garantissait la fidélité des troupes. Le général
Eguia, nommé gouverneur-général de la Castille, porta l'édit du roi à Madrid; en prenant le
commandement de la capitale, le 11 mai, il prononça la suppression de la *régence* et la dissolution des *Cortès*, et il fit arrêter les plus dangereux de ses membres. Deux jours après « S. M.,
dit un témoin occulaire, fit son entrée solennelle
dans Madrid, au milieu des acclamations générales de ses fidèles sujets. Les démonstrations d'a-
mour et de satisfaction furent telles que la foule
arrivée devant le palais, le peuple ne pouvant

Précis hist.
de l'origine
et des progrès
de la
rébellion
d'Espagne,
p. 16.

plus comprimer ses élans affectueux et son exal-
tation, oublia pour un instant le respect dû au
monarque : il s'empara donc du Roi, et l'éle-
vant au-dessus de la multitude, de bras en bras,
en lui prodiguant mille *vivat !* il fut porté ainsi
dans la chambre royale..... »

On lit dans le *Moniteur* d'autres détails sur
cette entrée du Roi à Madrid.

Madrid, 16 mai.

*Moniteur
du 30 mai
1814.*

« Le Roi est entré dans sa capitale avant-hier, au
milieu des acclamations et des transports d'allégresse de
son peuple. Depuis la résidence royale d'Aranjuez jusqu'à Madrid, sa voiture a été tirée par le peuple. Le
chemin était couvert de la population de toute la province. S. M. a parcouru toute la ville à pied. L'ivresse
du peuple est à son comble; il semble que tous nos maux
soient oubliés ».

Madrid, 17 mai.

*Moniteur
du 3 juin
1814.*

« Dans la soirée d'avant-hier, S. M. a parcouru à pied
toute la capitale. Sa présence ajoutait une nouvelle
ferveur aux réjouissances publiques. La musique, les
feux de joie, les cris d'enthousiasme mille fois répétés,
donnaient à cette ville un mouvement extraordinaire.
Cette joie n'a été troublée par aucun accident. »

Cette joie universelle, et la confiance mutuelle
du Roi et de son peuple, dans les jours mêmes
qui suivirent la dissolution des Cortès, prouve le

jugement de l'Espagne sur l'œuvre philosophique de cette assemblée. *La pierre de la constitution fut renversée spontanément dans toutes les villes et bourgs d'Espagne, aux cris de vive le Roi!*

Les cent-jours arrivèrent. Monseigneur le duc d'Angoulême, qui alla à Madrid, reçut de la nation espagnole les marques de respect et d'amour qu'elle a voués aux princes de la maison de Bourbon. Le Roi, sûr de l'affection de son peuple et du dévouement de ses troupes, rassembla deux armées pour aller au secours du chef de sa maison. L'une entra en Roussillon sous les ordres du général *Castanos ;* l'autre s'avança dans la basse Navarre, sous les ordres du comte de l'*Abisbal.* Monseigneur le duc d'Angoulême alla joindre le général Castanos qui, conformément aux vœux de S. A. R., se retira le jour même (28 août) sur les terres d'Espagne. Le comte de l'*Abisbal,* qui s'était déjà porté à Ustaritz, près Bayonne, se retira de même. Ces armées espagnoles entrèrent sur le territoire de France avec les couleurs des deux nations, le rouge et le blanc, et elles rivalisaient avec nos peuples du Midi de dévouement aux souverains de la maison de Bourbon.

Des troupes si fidèles à leur roi ne promettaient pas des succès aux conspirateurs. A la fin de cette même année 1815, *Porlier* ayant voulu lever l'étendard de la révolte en Galice, fut livré par ses soldats. *Lacy* eut le même sort en 1817 ; mais il y eut une entreprise plus grave eu 1819. Je vais la laisser raconter par l'auteur des lettres jointes à l'ouvrage de M. le comte *de Toreno*.

Page 109. *« Vous vous rappelez, sans doute, que Voltaire a défini la maçonnerie : *une société qui n'a jamais rien fait et qui ne fera jamais rien.* Eh bien ! la maçonnerie en Espagne a donné un démenti à Voltaire, puisque c'est elle qui disposa les officiers de l'armée d'Andalousie à délivrer leur patrie du despotisme.

« Le ministère de 1819 ayant pris la détermination d'éloigner de l'Espagne tous les jeunes officiers chez lesquels les idées de liberté et de constitution fermentaient vivement, imagina l'expédition de Buenos-Ayres, pour les comprendre dans l'armée que l'on devait embarquer ; mais le remède fut pire que le mal, puisque ces officiers qui, pendant qu'ils étaient dispersés, restaient tièdes dans leurs desseins, s'animèrent aussitôt qu'ils furent réunis, et virent avec la plus grande joie se présenter cette occasion après laquelle ils avaient tant soupiré.

« Le 8 juillet devait être le jour de la régénération espagnole. Vingt-deux mille hommes, l'élite de l'armée, étaient réunis dans l'Andalousie pour l'expédition de Buenos-Ayres. Le *comte de l'Abisbal*, qui les commandait, accueillit le conseil de ceux qui lui montraient entre ses mains l'occasion de délivrer le peuple de l'esclavage dans lequel il était accusé de l'avoir plongé. Enclin aux grandes entreprises, et se repentant peut-être d'une erreur qui avait terni son nom, il parut approuver en ce moment un projet qui flattait son amour-propre : le *comte de l'Abisbal* fut presque le principal moteur de l'entreprise.

« Le feu de l'insurrection s'étendit rapidement dans l'armée; presque tous les officiers étaient dans cet âge où l'on aime les entreprises téméraires : aussi affrontaient-ils gaîment tous les dangers que présentait celle qui était l'objet de leurs vœux. Il leur paraissait bien plus digne de leur courage de sauver la patrie, que de porter les chaînes de l'esclavage aux peuples du Nouveau-Monde. Quoique les soldats ne fussent pas dans le secret, on pouvait justement croire qu'ils auraient secondé volontiers un événement qui aurait suspendu une expédition dont ils auguraient si mal.

« Ce jour arriva enfin : on s'attendait que le *comte de l'Abisbal* allait tenir la foi qu'il avait si solennellement jurée. Déjà une partie de l'armée avait pris les armes et attendait l'événement avec anxiété, lorsque tout à coup elle se vit entourée par la cavalerie et par la garnison de Cadix, à la tête de laquelle *Abisbal* arrivait en criant : *vive le Roi.* Il ordonna aussitôt l'arrestation de plusieurs chefs de corps, parmi lesquels se trouvaient les colonels *Quiroga* et *Arco-Aguero.*

« Cette inexplicable perfidie porta dans tous les esprits plus d'indignation que de terreur. Chacun exprimait toute la douleur qu'il éprouvait d'avoir été si lâchement trompé. Le sort qui semblait réservé aux personnes arrêtées occupait tous les cœurs généreux, et enflammait tous leurs amis, résolus d'accomplir un

desseiu dans lequel se trouvaient compromises et la nation et la sûreté personnelle de tous les complices. En
conséquence, le 13 du même mois, c'est-à-dire cinq
jours après, plusieurs officiers et patriotes se réunirent
pour déterminer les moyens de renouer les fils qui venaient d'être rompus, et conduire à une heureuse fin
une entreprise aussi glorieuse. Quelques autres patriotes
des plus ardens se réunirent dans le même but à
Gibraltar, et arrêtèrent qu'il serait établi à Cadix une
junte centrale chargée de correspondre avec *toutes les
juntes partielles qui seraient formées dans chaque
régiment*, et de diriger leurs travaux. Malheureusement
le fléau de la fièvre jaune retarda l'exécution de ce plan
par l'interruption des communications. Mais comme le
patriotisme est invincible dans les premiers momens de
son enthousiasme, on profitait de cette fâcheuse circonstance pour *voyager avec de faux passeports*. On
sondait les douteux, on enflammait ceux qui paraissaient
bien résolus, on initiait les soldats dans le secret.

« L'époque fixée pour l'embarquement des troupes
arrivait; il fallait donc hâter la conspiration. Il était
nécessaire de nommer un chef, et cependant aucun général n'inspirait assez de confiance pour ce beau rôle.

« Ce choix, long-temps balancé, tomba enfin sur le
colonel Quiroga, *détenu* à Alcala de los Gazules, et
l'on désigna le colonel Arco-Aguero, qui était aussi
détenu au château de St.-Sébastien à Cadix, pour
chef de l'état-major. »

CHAPITRE IV.

De l'opinion de la nation espagnole sur la révolution, depuis la révolte de l'armée expéditionnaire à l'île de Léon, le mois de janvier 1820, jusqu'au jour où le Roi fut forcé de signer la constitution, le 17 mars, même année.

Nous avons le grand avantage de pouvoir citer, sur cette époque, en faveur de la bonne opinion de la nation espagnole, le témoignage de deux chefs de parti, le républicain *Moreno de Guerra*, député de Cordoue (1), et *Evariste de San Miguel*, actuellement ministre des affaires étrangères.

On préparait, dit le premier, une armée pour opprimer les habitans de la rivière de la Plata : mais le génie de la liberté espagnole a permis que d'un principe si funeste résultât un grand bien. C'est dans le

Compte rendu par Moreno de Guerra.

____

(1) Joseph *Moreno de Guerra* a publié cet écrit à Cadix le 16 février 1822, au moment où, en vertu de la *souveraineté du peuple*, et par conséquent de la *souveraineté de chaque fraction du peuple*, il voulait porter cette ville à l'*insurrection* contre le ministère de ce temps et la majorité des Cortès.

cercle de cette armée que s'est opérée la révolution, et *non ailleurs*, comme le prétendent quelques-uns pour diminuer son mérite.

« Le malheureux succès de *Vidal* (1) à Valence rendit inutiles les plans qu'on avait formés auparavant, et tous ses auteurs, ou la plupart, se trouvant dans l'impossibilité d'agir, nous restâmes réduits à *notre cercle unique*.

« Le comte de *l'Abisbal*, excité par le traître *Saarsfiels*, et par d'autres individus intéressés à la guerre ruineuse de l'Amérique, nous amena le malheureux jour du 8 juillet 1819. La révolution fut donc alors suspendue; mais je dirai, pour l'honneur de la vérité, que ce chef (le comte de *l'Abisbal*) prit de si faibles mesures, et que la persécution fut si légère (quoique j'aie été un des trois les plus persécutés), que le plan subsista dans son entier, et que ce fut le même dont l'explosion éclata le 19 janvier 1820.

« *Riégo* tira l'épée *à las Cabezas*. Il fut suivi de quelques braves qui affrontèrent toute sorte de dangers, et dans le mois de février ces dangers étaient à leur comble; mais malgré tout cela la liberté fut victorieuse

---

(1) Le généaal *Elio* surprit *Vidal* et ses complices dans leur réunion. *Vidal* tira un coup de pistolet sur le général, et courut ensuite sur lui avec un poignard; le général *Elio* se mit en défense, et le tua sur la place. Dans ce temps, les *liberales* nièrent cette conspiration pour charger le général *Elio;* mais depuis leur triomphe ils n'ont pas craint d'en faire connaître la réalité.

et la constitution fut proclamée dans toute l'étendue du territoire espagnol.

« Il fallut avant tout satisfaire le prestige militaire accoutumé aux grandes décorations; *aucun général n'était alors du parti de la liberté*, car cette idée ne remontait pas au-delà des chefs de bataillon, et les trois galons du grade de colonel, qui par bonheur se trouvaient sur les paremens de l'habit de *don Antonio Quiroga*, décidèrent de son élection pour chef de l'entreprise.

M. de *San Miguel*, alors chef de l'état-major de *Riégo*, a raconté la première campagne du *héros* son patron. Il est impossible de mieux montrer la fidélité du peuple espagnol envers son Roi, ainsi que le devouement des troupes qui n'étaient pas de la conspiration.

« L'inaction des troupes nationales dans la ville de Saint-Ferdinand, et le *mauvais succès* de quelques tentatives sur la place importante de Cadix, forcèrent le général *Quiroga* à mettre en campagne une colonne mobile pour approvisionner l'armée, *répandre des proclamations*, attirer au parti quelques corps que nous supposions vacillans, et montrer que ce n'était pas la crainte qui retenait les troupes enfermées dans l'île, comme le voulaient faire croire les ennemis du bien public.

« Cette colonne, sous les ordres du commandant général de la première division, don Raphaël de Riégo, se composait de 1,500 hommes. Elle partit de la ville de Saint-Ferdinand le 27 janvier (1820), et se dirigea vers

Chiclana, où elle passa la rivière à midi. La colonne tra-
versa cette ville aux cris de vive la constitution et alla
coucher à Conil, dont les autorités s'éloignèrent aussitôt :
ce départ nous fit connaître la disposition du peuple.....

« ... Il était surtout recommandé au général de s'ap-
puyer sur le patriotisme des peuples, il devait donc
profiter de toutes les occasions et de tous les moyens de
le mettre en mouvement. *Les amis* de Gibraltar indi-
quaient la ville de Malaga comme le théâtre de grands
événemens, pourvu que les troupes nationales se pré-
sentassent. Des lettres anonymes reçues de cette dernière ville, donnaient les plus belles espérances.

« ... Le général D. Joseph O'Donnell suivait notre
arrière-garde ; le gouverneur de Malaga nous attendait
avec sa garnison, tout prêt à nous combattre ; mais déjà
nous ne pouvions plus renoncer à notre entreprise, et
d'ailleurs *nos amis* de Gibraltar nous avaient peint les
habitans de Malaga avec des couleurs tellement favora-
bles, que rien ne put nous arrêter.

« Nous fûmes aux portes de la ville à huit heures du
soir. Nous trouvâmes toutes les rues illuminées ; mais
soit crainte de se trouver dans quelque mêlée, soit effet
de la stupeur générale, *presque personne* ne se présenta
dans les rues ; on se contenta de nous saluer de quelques
acclamations par les fenêtres.

« ... Le commandant général Riégo eut l'intention de
marcher de Colmenar sur Grenade ; mais les troupes du
général *Eguia* se trouvaient à Loja, et l'expérience de
ce qui était arrivé à Malaga ne nous *encourageait* pas à

faire des tentatives de cette espèce, surtout dans des villes un peu considérables.

« ...Nous nous trouvâmes enfin à la tête du pont de Cordoue, que nous traversâmes sans opposition, entonnant comme toujours l'hymne guerrière. L'étonnement et l'admiration que témoignèrent les habitans de Cordoue à l'entrée de la colonne, qui n'était forte que de trois cents hommes, est difficile à dépeindre. Les rues étaient encombrées de gens dont le *silence* n'attestait que trop la surprise que leur causait notre hardiesse.

« ...Nous n'avions pas assez de monde pour garder toutes les avenues d'une ville de manière à ne pas craindre une surprise, et vers quatre heures nous découvrîmes déjà près de nous des colonnes de cavalerie et d'infanterie qui débouchaient par la route de Cordoue. Le commandant fit battre la générale et rassembla sa troupe à l'extrémité de la ville opposée à celle par où les ennemis arrivaient.

« Notre petit nombre ne nous permettait plus d'attaquer ni même de nous défendre ; Eterena, Fuente-cantos, Los-Santos et les communes voisines étaient garnies de troupes qui *manifestaient la plus grande envie de nous détruire.* Notre réunion ne servait plus qu'à les tenir unis, et à les acharner à nous poursuivre. Cette triste circonstance nous mit dans la dure nécessité de nous séparer. On s'y détermina dans une assemblée à laquelle assistèrent tous les officiers qui se trouvaient présens alors. La séparation fut pénible, et les braves qui avaient fait pour la patrie de si grands sacrifices, ne purent surmonter l'émotion qui leur serrait le cœur, en pensant que peut-être ils allaient être forcés de fuir *pour jamais* cette patrie si chère. »

Vers la fin de février, le roi voulut se rendre à son armée d'Andalousie ; mais il en fut détourné par son ministre le duc de *St.-Ferdinand.* Le lieutenant-général *Elio* arriva de Valence, et il offrit au roi d'aller servir, comme volontaire, sous les ordres du général *Freyre.* Le ministre décida le roi à refuser cette offre ; le général *Elio* demanda alors le gouvernement de la Nouvelle-Castille, pour combattre les conspirateurs à Madrid même. On représenta au roi que *Elio* était nécessaire à Valence. Ce brave militaire quitta Madrid, et il prononça ces paroles prophétiques : *Le roi est perdu et nous aussi.*

Mina, qui était resté en France depuis qu'il avait été condamné à mort en Espagne, pour avoir tenté de s'emparer de la citadelle de Pampelune au mois de septembre 1814, était rentré en Navarre dans le mois de janvier 1820. Il réunit quelques soldats, et leur adressa cette proclamation : « Soldats, j'ai quitté la capitale de la France, où *m'avait conduit l'espoir de vous être utile un jour,* et je suis accouru en Espagne pour réunir toutes mes forces à celles des hommes qui, aux portes de Cadix, ont invoqué avec héroïsme les noms sacrés de *constitution* et de *cortès* contre les efforts de la tyrannie et du despotisme. » Un Espagnol *josephin*, nommé *Aguero*, avait quitté la France en même temps que *Mina*; il était allé joindre *Agar*, ancien membre de la régence destituée à l'arrivée du roi. Le comte de *St.-Roman*, à la tête de douze mille hommes de troupes fidèles, avait battu et dispersé ces rebelles du nord, dans les premiers jours de mars, au moment même que le général *don Joseph O'Donnel* détruisait la troupe de *Riego* dans l'Andalousie. Ces nouvelles n'étaient pas connues du roi, lorsque le 7 mars, environ deux cents conjurés, militaires déguisés, pénètrent dans le palais. Le général *Ballesteros* qui, étant ministre de la guerre l'année précédente, avait rempli la garde royale d'hommes dévoués à la faction des *Cortès*, et qui, d'après le funeste conseil de quelques ministres, venait d'être nommé commandant de Madrid, était, dans ce moment, dans la chambre du roi. « Il sort, lit-on dans une relation fort exacte, pour ordonner aux gardes-du-corps de *laisser entrer ces braves gens* qui ne veulent que parler à Sa Majesté. Il revient seul, et dit au roi : *Sire, tout est perdu ; le peuple soulevé entre ici: la troupe est toute gagnée, et il n'y a d'autre remède que de faire ce que demandent le peuple et la troupe.* » Le roi indigné se lève avec précipitation, et ordonne au duc de l'*Infantado* de se mettre à la

Précis hist.
de
la rébellion
d'Espagne.
p. 66.

tête de la garde royale. *Ballesteros* présente aussitôt une liste, où étaient inscrits les noms des officiers de cette garde, en disant : *Sire, ils sont tous libéraux !*

On tient d'un témoin occulaire, que *Ballesteros* tira dans ce moment sa montre, et dit au roi : *Vous n'avez qu'un quart d'heure pour délibérer ; un coup de canon sera le signal du massacre.*

Pendant cette horrible scène, la ville de Madrid était dans la stupeur. La révolution se fit dans l'intérieur du palais comme dans les anciens empires de l'Orient ; et pour que la ressemblance fût complète, le chef des conspirateurs se plaça lui-même à la tête du nouveau gouvernement.

CHAPITRE V.

De l'opinion de la nation espagnole sur la révolution, depuis que la constitution de Cadix a été signée par le roi Ferdinand.

Dès que les conspirateurs furent les maîtres du palais et de la personne du roi, ils exécutèrent, à la rigueur, à l'égard de cet infortuné prince, le décret des Cortès, du 11 février 1814, d'après lequel, conformément à la *constitution*, il ne pouvait exercer aucun acte de l'autorité royale qu'il n'eût juré la constitution dans le sein de l'assemblée des Cortès. Le descendant de Pélage et de St. Ferdinand fut un simple prisonnier gardé à vue dans le palais de ses aïeux. On ne voulut pas même prendre sa signature pour la formation d'un ministère; c'eût été blesser le principe de la *souveraineté du peuple*, qui n'avait pas encore donné l'*investiture* à Ferdinand.

Ballesteros, chef du gouvernement provisoire, expédie au général *Freyre*, qui était à Cadix, l'ordre de cesser les hostilités contre l'armée insurgée qui était à l'île de Léon. Le comte de l'*Abisbal* qui venait de faire proclamer la constitution dans la province de la Manche, où se trou-

vait son frère *Alexandre O'donnel*, à la tête
d'un régiment, donne une nouvelle destination
au courrier expédié de Madrid, et il adresse
à *Quiroga* le paquet destiné par *Ballesteros*
pour le général *Freyre*. Ces nouvelles, parvenues à l'île de Léon, sont aussitôt envoyées aux
libéraux de Cadix. Ceux-ci somment le général
Freyre de reconnaître la constitution ; mais ce général fidèle, n'ayant aucune connaissance de la
signature du roi, fit repousser les assaillans, et
cent cinquante d'entre eux furent tués par les
troupes royales dans les rues de Cadix.

L'armée montrait partout la même fidélité ; pas
une seule ville de l'Espagne n'avait cessé de prouver son dévoûment au roi, lorsqu'on apprit dans
les diverses parties du royaume, que le monarque
avait signé la constitution. Le gouvernement provisoire envoya dans chaque province les mêmes
préfets qui y avaient exercé l'autorité jusqu'à l'arrivée du roi en 1814 ; et, secondés par les violences des conspirateurs (membres des sociétés
secrètes devenues des *clubs* délibérant publiquement et gouvernant à leur gré), ils firent proclamer en tout lieu la constitution.

Cependant les révolutionnaires espagnols, à
l'imitation des révolutionnaires français, après
avoir proclamé la liberté de la presse, empê-
chaient, sous peine de mort, de publier, ou même

de faire connaître par des lettres privées les violences exercées à Madrid contre la personne du
roi, pour lui arracher la signature de la constitution. Ainsi la vérité sur la funeste journée du 7
mars ne parvint que lentement dans les provinces.
La ville de Burgos, capitale de la Vieille-Castille, fut la première où l'on réclama contre ces
violences et en faveur de la liberté du roi : mais
que pouvaient les villes fidèles sans aucun lien
entre elles depuis la destruction de l'autorité
royale, contre un gouvernement concentré, agissant toujours avec l'activité des conspirateurs, et
qui offrait aux faibles et à la multitude la sanction
du roi ? Le lieutenant-général *Echavaris*, les
chefs du clergé et les principaux habitans de la
ville de Burgos, furent la victime de leur fidélité.

A cette époque, le curé *Mérino* appela les peuples des bourgs situés entre Burgos et l'Ebre, à la
défense de la religion et du roi ; le curé *Vinueza*
publia un écrit, qui avait pour objet de faire connaître au peuple les dangers que courait la religion. Des bandes royalistes se formaient dans tous
les pays peu accessibles aux troupes régulières que
la signature du roi avait livrées aux révolutionnaires ; enfin, le général *Quesada*, sous les ordres du lieutenant-général *Eguia*, forma une
petite armée royaliste dans les provinces basques

et en Navarre, dans le printemps de 1822. *Romagosa* et le *trappiste* s'emparèrent des forts d'Urgel, *Bessière*, de la place de *Méquinenza*; le lieutenant-général, baron d'*Eroles*, commandant l'armée de la Foi, soumit la vallée de la Segre, depuis les Pyrénées jusqu'à son embouchure dans l'Ebre. Le 13 août, M. le marquis de Mataflorida, ministre de la justice de Ferdinand VII, quitta Toulouse où il s'était réfugié, et il forma, avec l'*archevêque de Tarragone* et le baron d'*Eroles*, cette *régence d'Urgel*, qui s'est soutenue pendant quatre mois contre toute la puissance des Cortès. Les royalistes ont évacué Urgel faute de vivres; mais ils n'ont pas cessé d'avoir des partis en Catalogne et en Arragon; *Zavala*, dans les provinces basques, correspond avec *Merino* dans la Vieille-Castille, et celui-ci communique avec les partis des corps d'armée de *Bessière*, qui, maître de Méquinenza depuis huit mois, combat les constitutionnels dans les environs de Madrid.

On ne peut expliquer l'existence de ces petits corps royalistes, agissant dans toutes les parties de l'Espagne, que par l'adhésion de la population entière. *Mérino* n'a pas cessé de commander un parti depuis trois ans dans la Vieille-Castille. Quand il a été poursuivi par des forces supérieures, il a fait sa retraite dans des lieux plu difficiles, et il est venu se replacer ensuite dans ses stations ordinaires, entre Burgos et l'Ebre. Le général *Quesada*, en septembre et octobre dernier, est allé de la Navarre à Urgel, et revenu en Navarre, traversant tout l'Arragon avec quinze cents hommes sans être entamé par les constitutionnels.

Cependant la signature du roi avait donné à ceux-ci toute l'armée, toute l'artillerie, toutes les places fortes, les impôts et la faculté de faire leurs emprunts en Angleterre et en France. Les partis royalistes, sans secours étrangers, manquant d'armes et d'argent, n'ont trouvé leur force que dans l'attachement de la nation espagnole à la religion et au gouvernement de ses rois.

CHAPITRE VI.

Preuves particulières tirées des conduites opposées des généraux Castanos *et* l'Abisbal.

Le général *Castanos* a eu tous les genres de gloire. Dans les premières guerres contre les révolutionnaires français (en 1794), il les combattit avec habileté, et il reçut de graves blessures dont il porte encore les marques. Après la paix, il eut le courage politique, plus rare que le courage guerrier, de se mettre en opposition avec le favori maître de l'Espagne, qui l'exila de Madrid; en 1808, il gagna contre un général habile, M. le comte Dupont, la bataille de *Baylen*, et il força ainsi Joseph Bonaparte d'évacuer Madrid; en 1813, il commandait la principale armée espagnole qui combattit à la bataille décisive de *Vittoria* : le duc de *Wellington* déclara qu'il devait, en grande partie, au général *Castanos* le succès de cette journée.

Après cette victoire, qui annonçait le retour du roi Ferdinand, la *régence* ne voulut pas laisser en place un homme fidèle à la monarchie légitime, elle lui retira le commandement de l'armée et la

place de capitaine-général de la Vieille-Castille.
Le duc de *Wellington* déclara *que la régence
avait manqué à l'honneur et à l'équité, en desti-
tuant un général qui avait rendu les plus grands
services à sa patrie.* Le général *Castanos* obéit
néanmoins, et il écrivit à la *régence* : « J'ai eu la
satisfaction de remettre au maréchal - de - camp
Freyre, sur la frontière de France, le commandement que j'ai pris en mars 1811 en vue de Lisbonne. »

Ferdinand, à son arrivée en Espagne, donna à
Castanos le commandement de la Catalogne. Aux
cent jours, ce monarque destina une puissante
armée pour secourir le chef de sa maison. Les
préparatifs ne purent qu'être longs, après les
pertes immenses que l'Espagne avait éprouvées
pendant les six années de guerre contre Bonaparte.
Le général *Castanos* n'arriva en Roussillon que
vers le 20 du mois d'août. Comme on l'a dit, il se
retira dès le jour même, où il eut l'honneur d'avoir
une conférence avec Mgr. le duc d'Angoulême.
Arrivé en Espagne, il écrivit au préfet du Roussillon :

« Les troupes et les habitans, les autorités et
les chefs, ont tous offert aux yeux de l'Europe le tableau le plus touchant des vertus ci-
viques et militaires; c'était une véritable fête de
famille que celle de saint Louis ; le cri unanime

de *vivent les Bourbons !* était bien l'expression de l'unanimité de nos sentimens et de nos vœux pour la gloire et le bonheur de cette auguste famille, dont les branches s'étendant sur les trônes de France et d'Espagne, se réunissent de nouveau par les liens de la plus intime alliance. »

Deux ans après, le général *Castanos* réprima avec activité la conspiration de Lacy. La pièce suivante est un monument de son dévouement à son roi et de la fidélité des peuples.

Proclamation du capitaine-général de la province de Catalogne.

« Une terrible conspiration, qui paraît avoir été formée par des individus de différentes classes, et dans laquelle se trouvaient impliqués les généraux don Louis Lacy et don François Milans, lesquels, à une autre époque, avaient rendu à la patrie des services signalés, devait être exécutée dans la nuit du 5 du courant : l'objet de ces conspirateurs était de renverser le gouvernement, dé rétablir la constitution *abolie*, et de m'enlever l'autorité dont le roi m'a revêtu. Mais les mesures énergiques que j'ai prises, dès ce moment où, par une faveur particulière de la Providence, j'ai acquis les premières nouvelles de cet attentat, ont déjoué les vains projets des séditieux. Poursuivis de tous côtés, la plupart de ceux que la notoriété publique désigne comme des coupables, sont arrêtés. Les recherches les plus actives feront bientôt découvrir leurs complices. On suit de près la trace de ceux qui, pour l'instant, ont pu trouver un asile dans les montagnes.

« Au milieu des sentimens pénibles qui ont affecté mon âme dans ces jours d'affliction, j'ai eu la consolation de voir *les habitans de Barcelonne et ceux de la province, non-seulement repousser toute espèce d'adhésion au plan des conjurés, mais encore témoigner une juste indignation, et se prêter avec zèle à l'exécution des ordres de l'autorité pour arrêter ou poursuivre les coupables.* La conduite des troupes et de leurs chefs n'a pas été moins louable. La discipline a été parfaite dans tous les corps : il n'y a eu que deux compagnies du bataillon d'infanterie légère de Tarragone qui ont été entraînées et séduites par le commandant en second, don Joseph Quer. Aucun autre officier n'a pris part à cet égarement, qui n'a duré que quelques heures.

« Telle était la base des folles espérances de ces malheureux, qui, malgré tous leurs efforts, n'ont pas même un seul moment troublé la tranquillité publique.

« Il n'y a plus le moindre sujet de crainte. Toutes les premières autorités de la province se sont empressées de coopérer au succès de mes dispositions pour assurer le bon ordre et le service du roi. J'annonce avec plaisir à la province entière et à l'armée, que la conjuration ayant été découverte, les principaux auteurs ayant été arrêtés ou poursuivis, il n'est resté aucun motif d'alarme, et les conspirateurs n'ont plus qu'à attendre le châtiment que les lois imposent à de pareils criminels, suivant ce qui résultera des procédures déjà commencées, et dont la durée ne sera pas longue.

« XAVIER CASTANOS.

« Barcelonne, 12 avril 1817. »

Ce général montra le même zèle contre la grande conspiration de 1820. Après que le roi eut été forcé de signer la constitution, il fut insulté par les clubistes de Barcelonne, qui poussèrent les cris : *mort à Castanos*; en même temps que ceux-ci : *à bas l'évêque et ses vicaires!* Il aurait manqué un dernier trait à la gloire du héros de *Baylen*, si, après avoir été persécuté par *Emmanuel Godoy* et par les *Cortès de Cadix*, après avoir été le compagnon d'armes de *Ricardos* et de *Wellington*, il n'avait pas eu pour ennemis les assassins de son roi et les ennemis de la religion. Le général *Castanos* est conseiller-d'état, mais il n'en exerce pas les fonctions ; il vit sur ses propriétés, dans une province du midi de l'Espagne, gémissant sur les malheurs de son roi et de sa patrie. Il est âgé de soixante-dix ans.

La vie entière de cet homme illustre prouverait seule la proposition dont cet écrit est le développement, « que la révolution espagnole a été faite au profit des seuls conspirateurs, contre l'opinion, les mœurs et la volonté de la nation. »

Nous tirerons la même preuve de la vie politique du comte de *l'Abisbal*.

Henri O'Donnel, comte de *l'Abisbal*, d'une famille irlandaise, émigré et sans fortune, a été élevé et avancé dans l'armée, ainsi que ses trois frères, par les bontés du roi Charles IV. Il a renouvelé, en Espagne, ainsi que son frère *Alexandre*, cette odieuse ingratitude qui signala quelques hommes de la cour de Louis XVI, que l'on vit au rang des plus cruels ennemis du roi dans l'Assemblée Constituante, et qui ont manifesté dans les cent jours la même haine pour le gouvernement de Louis XVIII.

Le comte de *l'Abisbal* se montra d'abord fidèle à l'arrivée de Ferdinand VII en Espagne. Ce monarque lui donna la même marque de confiance qu'au général *Castanos*, en lui confiant le commandement de l'armée qui entra dans la Basse-Navarre en 1815. Il est curieux de rappeler ici sa proclamation aux Français.

« Français, habitans des provinces limitrophes
« de l'Espagne, les troupes du roi mon maître ne
« viennent pas sur votre sol pour y exercer des hos-
« tilités; elles s'y présentent seulement pour le
« mettre à couvert des ravages d'une faction qui
« désire la continuation des maux par lesquels le
« trône de S. M. T. C. et la tranquillité de ses
« fidèles sujets ont été compromis. Notre mani-

« feste du 2 mai vous a dit que l'armée espa-
« gnole ne *ferait pas la guerre à la France, mais*
« *bien aux factieux qui la désolent*, et que tous
« ses projets se borneraient à vous aider à tran-
« quilliser ce beau royaume, et à replacer le
« souverain que réclamaient ses lois fondamen-
« tales, ce bon roi dont la perte aurait plongé
« tout le pays dans le deuil et la désolation. Il
« n'est pas personnellement à la tête de sa faction,
« ce chef perturbateur et perfide ; mais son esprit
« y règne encore, et ses partisans se couvrent
« d'un voile trompeur. Le roi est rétabli sur son
« trône ; mais ses vertus n'ont pas encore amené
« l'entière soumission des cœurs que le génie du
« mal avait arrachés à leurs devoirs, la fidélité
« et l'obéissance. Les mêmes raisons subsistent
« donc pour que les troupes espagnoles viennent
« prendre sous leur protection les domaines de
« S. M. T. C., jamais pour les vexer ou les dé-
« membrer, mais pour les *lui conserver* de la
« manière la plus sûre et la plus fidèle. »

Le comte de *l'Abisbal* se retira en même temps
que le général *Castanos* ; mais avant de quitter le
territoire de France, il adressa à M. le marquis
de Viomesnil (alors lieutenant général) la lettre
suivante :

Au quartier-général, à Ustaritz, le 3 septembre 1815.

*A l'excellentissime seigneur le comte de
Viomesnil, etc.*

« La conduite de l'armée que je commande a été
conforme aux ordres que j'ai reçus de mon souverain,
et à l'amitié qui règne entre les deux nations.... Les soldats espagnols ont vécu comme frères et fidèles amis
avec les Français pacifiques. Les horreurs qui ont été
commises en Espagne par les satellites de Buonaparte,
ne leur ont intérieurement fait d'autre impression que le
désir de faire connaître que leur cœur est incapable de se
laisser aller à aucun sentiment de vengeance; et que *les
mêmes bras qui ont chassé ces mêmes hordes de fu-
rieux, sont entièrement disposés à s'unir aux troupes
de Louis XVIII, pour soutenir ensemble les droits
sacrés de l'auguste famille des Bourbons.*

« Je désire bien sincèrement que S. M. Louis XVIII
n'ait pas à se repentir un jour de s'être privé du secours
de 80,000 Espagnols qui auraient regardé et défendu sa
cause comme la leur propre, et *serviront toujours de
prompt appui aux bons Français.*

« J'ai l'honneur, etc.

« *Signé* le comte de l'ABISBAL. »

Ce zèle lui valut toute la confiance de Ferdinand VII. Cet infortuné monarque lui donna,
sur sa demande, la veille de la trahison, tout

l'argent qu'il avait dans sa cassette particulière, pour lui procurer le moyen de réprimer le parti révolutionnaire en Catalogne. Après le succès de la conspiration il adressa *l'apologie* de son apparente fidélité au club de *la Fontana*. Cette pièce est longue ; mais nous invitons les lecteurs à la lire avec attention : ils y verront la clef de toute la révolution d'Espagne.

« Lorsque le Roi entra en Espagne, je me trouvais commander une armée cantonnée en Navarre. *Mal informé* des ordres donnés par les Cortès de n'obéir au Roi que lorsqu'il se serait conformé à la constitution, je *crus fermement que la division d'opinions dans la représentation nationale occasionerait la guerre civile.* Je mis à la disposition du Roi mon armée, reconnaissant dans S. M. le chef du pouvoir exécutif nommé par la constitution.

« Après la dissolution de l'armée que je commandais, je restai six mois à Madrid sans emploi. Je sollicitai le commandement de l'expédition destinée pour l'Amérique méridionale, d'accord avec beaucoup d'excellens patriotes de Madrid, et principalement avec le général *Lascy*, persuadé que le commandement d'une armée considérable, cantonnée dans les environs de Cadix, pouvait favoriser mes intentions de contribuer au rétablissement du gouvernement constitutionnel. Ce ne fut qu'au commencement de l'année 1819 que cette armée fut mise sur un pied respectable ; je cherchai par toutes sortes de moyens à exalter l'esprit du soldat pour l'amour de la patrie ; mais l'expérience des malheureux Porlier, Mina, Lascy, Vidal et autres, me forçait d'agir avec la plus grande circonspection, et à n'accorder ma confiance qu'à très-peu de patriotes reconnus.

« Lorsque je désirais davantage communiquer mes idées patriotiques, sans employer des moyens qui pussent affaiblir la subordination, le lieutenant-colonel d'artillerie don Barthélemy Guitières se présenta à moi avec un billet de mon digne camarade et ami don Juan O'Donoju ; il me proposa d'employer les forces sous mes ordres pour la liberté politique de la patrie, et m'assura de la bonne volonté d'un grand nombre d'officiers pour une aussi sainte entreprise. J'écoutai avec plaisir sa proposition pour la favoriser de la manière que je vais l'indiquer.

« J'offris de réunir l'armée et le plus grand nombre possible de troupes qui se trouvaient en Andalousie, dans la forte position de l'île, et d'agir d'accord avec un grand nombre de patriotes éclairés qui étaient dans la ville de Cadix, et d'inviter l'armée, la municipalité de Cadix, celle de l'île, et celle du port Sainte-Marie, à signer une demande adressée à S. M., qui aurait eu pour objet de demander la réunion des Cortès dissous, et l'acceptation de la constitution de la monarchie jurée dans l'année 1812. Cette adresse, signée par moi, par les susdites municipalités et par des députations de toute l'armée, aurait été présentée par moi-même au Roi ; j'offris aussi d'agir suivant la réponse qu'aurait faite S. M.

« Je fixai pour l'époque de ce mouvement la plus prochaine de l'embarquement de l'expédition, et, si cela était possible, l'époque de l'arrivée du vaisseau de guerre *l'Asie*, qu'on attendait de l'Amérique avec des fonds du gouvernement. Je fixai cette époque, parce que je me rappelai ce qui arriva lors des malheureuses entreprises de Galice, de Catalogne et de Valence, et que n'ayant point vu encore une héroïque fermeté, telle que celle des immortels soldats qui composaient la division du digne général Quiroga, je *crus seulement que la certitude d'un embarquement prochain pouvait donner à l'armée d'outre-mer la docilité nécessaire pour servir la cause sacrée la patrie*, et délivrer les soldats des craintes qu'inspirait toujours le manque d'instructions.

« J'indiquai qu'il était nécessaire de réunir les volontés de tous les officiers, d'exciter parmi la troupe de la haine pour l'embarquement, et attendre l'époque signalée sans défiance.

« Vers le milieu du mois de mai, je reçus une lettre de S. M., qui m'annonçait un plan de soulèvement dans l'armée, dont le but était de détruire l'expédition projetée, et d'établir un nouveau système de gouvernement. S. M. me chargea de faire des exemples pour contenir ce désordre, et de ne point considérer ces avis avec indifférence, attendu que l'exécution paraissait probable.

« Aucune de mes démarches antérieures à l'époque où je réunis une grande partie de l'armée pour la faire camper près le port Sainte-Marie, ne dut inspirer à mes amis la plus légère méfiance. Le 2 ou 3 juillet, à mon retour à Cadix, on m'apprit que les propos des officiers de la garnison étaient si imprudens que le corrégidor en avait donné avis au capitaine-général de l'île ; qu'on était menacé d'une révolution dans l'armée, et qu'on en avait donné avis à S. M. par une voie extraordinaire. Cette imprudence, qui exposait le succès futur d'une entreprise bien méditée, me fit prendre des mesures pour éviter d'attirer tout-à-fait l'attention du gouvernement ; je remplaçai des bataillons de la garnison de Cadix, et j'ordonnai d'envoyer quelques-uns dans des cantonnemens.

« Des avis reçus m'annoncèrent que les troupes du port Sainte-Marie étaient décidées à nommer pour leur chef le général don Pedro Saarsfield, et de s'emparer seules de l'île, si je ne faisais pas ce qu'elles voulaient, ce qui était contraire au succès de l'entreprise, qui jusqu'alors avait été confiée à mon patriotisme et à mon enthousiasme pour la liberté de ma patrie.

« Mes désirs étaient aussi ardens que les leurs, *mais une guerre était à craindre entre les corps de l'armée qui différaient d'opinion;* et cela ne pouvait qu'être funeste à la cause de la nation. Lorsque j'étais convaincu de l'impossibilité de tenter ce que désiraient les troupes du port Sainte-Marie, le général Saarsfield vint dans la soirée du 6 m'annoncer que les troupes étaient dans une complète révolution, décidées à ne point se rendre aux cantonnemens qui leur avaient été désignés, et que si je ne faisais pas ce qu'elles demandaient, elles étaient déterminées à m'assassiner. Je révoquai l'ordre de leur départ, chargeant le général Saarsfield de ne faire usage de cette révocation qu'à la dernière extrémité.

« Ce général et le colonel Arco Aguero, que j'en-
voyai pour rétablir l'ordre, revinrent le lendemain, en
me disant que les troupes persistaient dans leur demande. Pour empêcher de commettre une aussi grande
faute, je partis dans la nuit du 8, et j'arrêtai les chefs,
qui voulaient me déposer du commandement, dans le
but de les mettre en liberté et de les faire servir avec
avantage à l'époque favorable d'exécuter l'entreprise
méditée. Ce ne fut que quarante-huit heures après l'arrestation de ces chefs que je fis reconnaître leurs papiers;
j'agis enfin comme un chef ami et non comme un général offensé.

« Le gouvernement m'appela à Madrid, et m'ôta le
commandement de l'armée, frustrant ainsi toutes mes
espérances. Après la nomination même du général Calderon pour me remplacer, je voulus partir de Madrid
pour aller me mettre à la tête de l'armée, et donner la
liberté à mes compagnons d'armes arrêtés; mais la crainte
de n'être pas obéi par les généraux en chef de l'armée,
me fit désister de mes projets.

« Aussitôt que j'appris le mouvement héroïque du
général Quiroga, je voulus l'imiter, autant que le per-
mettaient mes forces. Je n'en ai pas trouvé l'occasion
jusqu'à la réunion du corps de sapeurs d'Alcala avec le
régiment Impérial-Alexandre à Ocana, où j'ai pu proclamer la constitution et organiser une forte division,
qui aurait aidé les peuples des royames de Jean, Cordoue et Séville, à se prononcer, et se serait réunie au
reste de la division de l'immortel Riégo, en secondant
directement les efforts des braves de l'île de Léon. »

Je dirai actuellement à **M.** le comte de *l'Abisbal* : lorsque, au mois d'août 1815, vous montriez tant de zèle pour la maison de Bourbon et tant d'horreur pour les révolutionnaires, il y avait déjà seize mois que Ferdinand VII avait cassé les *Cortès*, anéanti la constitution de Cadix, et puni par la prison ou l'exil les conspirateurs qui avaient voulu lui ravir le trône de ses pères. Qu'avez-vous à reprocher depuis à votre roi ? D'où vous est venu ce nouveau zèle patriotique ? La réponse sera difficile.

Je vous dirai encore : le général *Castanos* et vous, vous entrâtes en France avec les premières colonnes d'une armée de quatre-vingt mille hommes. Ferdinand VII aurait-il rassemblé une aussi nombreuse armée, s'il n'avait été assuré de la fidélité de ses soldats et de tous ses sujets ?

Je vous dirai enfin : en 1820, vous déclarez, par un écrit public, que vous n'avez pu soulever d'autres soldats que ceux qui ont craint l'embarquement pour l'expédition d'Amérique ; la révolution du 7 mars 1820 n'a donc été faite que par et pour les *conspirateurs*.

La famille d'*O'Donnel*, établie en Espagne, a offert le même spectacle que celle de Mirabeau au commencement de la révolution de France.

Nous avons vu que *Joseph O'Donnel* avait

détruit l'armée de *Riego* dans les premiers mois de 1800, lorsque la conspiration de Madrid rendit ces succès inutiles.

M. *Charles O'Donnel* commande l'armée de la Foi en Navarre. Le premier septembre dernier, avant d'entrer en campagne, il a écrit à son frère, le comte l'*Abisbal*, une lettre, dont voici les dernières lignes :

« Nous sommes encore quatre frères qui viennent de se partager la justice et la perversité, le roi et ses ennemis. *Joseph* et moi nous appartenons heureusement à la classe des sujets fidèles, et Alexandre et toi vous êtes vendus à la faction *régicide*, composée des hommes les plus vils et les plus criminels. — Pour nous, nous défendons la cause de Dieu, les droits du trône et la véritable liberté de la patrie ; mais vous, vous défendez l'arbitraire, l'immortalité, l'irréligion.... Dieu veuille te rappeler, mon cher Henri, a de meilleurs sentimens ! »

CHAPITRE VII.

Quelques réponses aux apologies de la révolution d'Espagne.

« C'EST aux *Cortès*, dit M. Bignon, qu'est dû le
« triomphe de l'Europe sur la France : c'est l'Es-
« pagne seule qui a amené l'Europe à Paris, qui
« a vaincu Napoléon. Les portes de Valençay
« s'ouvrent ; Ferdinand VII rentre en Espagne :
« les sauveurs de l'Espagne, les libérateurs de
« leur roi, vont recevoir à son retour d'éclatans
« témoignages de reconnaissance. Oui, si Fer-
« dinand rentrait seul, s'il n'obéissait qu'à son
« cœur ; mais il rentre avec un cortége de cour-
« tisans. Le nom seul de constitution les effraie :
« alors des modifications étaient possibles. Les
« proposer à la nation, les faire accueillir par
« elle, était chose facile. La justice le demandait
« au roi, sa politique le lui conseillait ; son pen-
« chant personnel l'y portait sans doute ; des
« hommes sages mêlaient leurs voix à celle de
« la justice, de la politique, de la conscience
« royale : les courtisans s'y opposent, ils l'em-
« portent ; ils sont seuls écoutés. La constitu-
« tion est abolie, le nom même en est effacé. Les

*Les
Cabinets
et
les Peuples.
p. 116.*

« récompenses qu'obtiennent ses auteurs sont
« l'exil, les cachots, les galères : les héros de
« l'indépendance sont les martyrs de la liberté... »

Tout le discours de M. Bignon, dans la séance
du 25 février dernier, tout ce qui a été dit dans
les deux Chambres, tout ce qui a été publié en
faveur de la révolution de l'Espagne, n'est que la
répétition ou le développement des phrases qu'on
vient de citer. Ceux qui auront lu avec attention
les témoignages rapportés dans les pages précédentes, auront déjà remarqué que ces orateurs
et ces écrivains sont réfutés par *les faits*; je vais
les rappeler ici.

C'est aux Cortès, dit M. Bignon, *qu'est dû le
triomphe de l'Europe sur la France.*

Les *Cortès* ne se sont rassemblées que le 24
décembre 1810. Ce ne sont donc pas les *Cortès*
qui ont fait gagner la bataille de *Baylen* et évacuer Madrid en 1808 ; ce ne sont pas les *Cortès*
qui ont la même année, ramené *La Romana*,
avec ses dix mille soldats, des îles du Danemarck
en Espagne ; ce ne sont pas les *Cortès* qui ont
traité avec l'Angleterre, dont l'alliance était si
nécessaire à l'Espagne ; car le général *Moore* était
déjà en Espagne en 1808, et le duc de *Wellington* en 1809 ; enfin on ne peut pas attribuer *aux
Cortès* la bataille décisive de *Vittoria*, puisqu'ils
traitèrent en ennemi le général *Castanos* qui

avait partagé avec lord *Wellington* l'honneur de cette journée. D'ailleurs tout le monde sait que la religion fut le mobile de *l'héroïsme* des Espagnols dans la guerre contre Buonaparte : les évêques, les curés, les moines appelaient les peuples à cette guerre sacrée. Le *junte* centrale de Séville disait dans sa proclamation : « Espagnols, votre pays, votre roi, votre religion, *vos espérances dans un monde meilleur* que cette religion peut seule offrir à vous et à vos descendans, tout cela est en péril. » Les *Cortès*, au contraire, persécutaient les moines, chassaient de son siége l'évêque d'*Orense ;* et leurs *séances* étaient publiées dans un journal intitulé *le Robespierre espagnol* (1), afin qu'on ne doutât pas qu'on ne marchât à Cadix sur les traces de l'assemblée athée et régicide de Paris.

Aussi nous avons vu, par la relation de l'officier anglais citée ci-dessus (2), que dès 1811,

______

(1) Cette audace de la *Convention* de Cadix paraîtrait incroyable, si ce fait n'était aussi public. Les officiers français qui étaient devant Cadix ont lu pendant trois mois ce *Robespierre espagnol.*

(2) Cet écrit, qui a paru depuis l'ouverture de notre session, a déjà eu huit éditions en Angleterre; l'auteur écrit en présence de plusieurs milliers de ses compaguons d'armes, et personne n'a attaqué l'exactitude des faits qu'il rapporte.

l'armée espagnol-anglaise fut abandonnée *par tous les paysans*, et qu'il n'y resta que les bandes de *Mina*, *Porlier* et autres constitutionnels. Le peuple espagnol jugea qu'il ne devait plus combattre pour un gouvernement qui *avait fait une constitution entièrement opposée à l'objet populaire de la guerre.* De son côté, et avec juste raison, la *Convention* de Cadix sentit qu'elle pouvait très-bien s'entendre avec la dynastie *napoléonienne.* Au mois de mars 1811, *les Cortès assemblées à Cadix*, dit M. de Pradt, *envoyaient à Joseph Bonaparte, alors maître de l'Andalousie, des députés, qui s'arrêtèrent à Séville à la nouvelle de la bataille de la Albuera.* Cette bataille fut gagnée par lord *Beresford* contre le maréchal *Soult*, le 27 de ce mois de mars 1811. Si Buonaparte n'avait pas retiré ses forces de la Pénisule pour faire la guerre de Russie, s'il avait eu sa revanche de la bataille de l'*Albuera*, la *Convention* espagnole n'aurait pas manqué de renvoyer ses députés faire ses soumissions à *l'empereur.* Ces députés auraient pu lui dire : « Pourquoi continuerions-nous à nous faire la guerre, puisque nous sommes d'accord sur les principes de la société? Vous êtes en France le *dictateur* de la révolution ; nous en sommes les *sénateurs* en Espagne. Notre objet est le même, et

Mémoires historiques sur la Révolution d'Espagne, 3e édition, p. 243.

déjà nous combattons pour vous : *pendant que les moines excitent le peuple contre vos soldats, en les déclarant hérétiques, nous abolissons les moines.* Vous tenez le pape en prison, et nous avons chassé son nonce. Nous savons par nos *amis* de Paris que vous avez donné ordre à votre ministre de la justice de préparer une loi contre les prêtres qui ne voudraient pas se séparer de l'église de Rome (1), et même vous reconnaître pour *chef de l'Eglise* (2), et nous, nous proposons de rendre le peuple espagnol *athée.* Vous serez content de nous comme vous l'êtes des *con-*

Paroles
du
collaborateur
du comte
de Toreno,
citées
ci-dessus.

V. ci-dessus,
p. IX.

---

(1) Buonaparte avait donné cet ordre au ministre de la justice avant de partir pour la Russie, pour le mettre à exécution après ses nouvelles victoires ; mais la Providence rendit vains ses projets, comme, au quatrième siècle, ceux que faisait Julien en partant pour la guerre des Perses.

(2) Buonaparte disait un jour, dans son conseil d'état, qu'il n'y avait que deux vrais souverains en Europe : le roi d'Angleterre et l'empereur de Russie, parce qu'ils étaient chefs de leur église. « Le véritable pouvoir, disait-il, ce n'est pas de disposer des corps, mais de gouverner les âmes. » Il montrait des médailles d'empereurs romains, et il faisait remarquer qu'on y lisait *Pontifex Maximus.*

ventionnels que vous avez appelés à votre sénat et à votre conseil-d'état, et nous le serons aussi de votre majesté. Depuis que nous sommes devenus *philosophes*, nous savons qu'il n'y a rien de bon, sinon de jouir de la vie; et pour cela, d'avoir de la puissance et de l'argent : vous nous donnerez l'une et l'autre. Nous traduirons *Dupuy*, *Volney* et tous les matérialistes de votre *Institut*, et nous vous livrerons la jeunesse espagnole pour en faire de la *chair à canon* comme vous le faites avec tant de succès de la jeunesse française (1). » Nul doute que ce traité n'eût été

------

(1) Sous le gouvernement impérial, les conseillers de l'Université paraissaient une fois l'année devant l'empereur en son conseil-d'état, pour rendre compte de leurs travaux. En 1813, Buonaparte adressa à ces chefs de l'Université une de ces *allocutions* qu'on a conservées. « M. de Fontanes n'a pas voulu m'entendre; quand je le nommai grand-maître de l'Université, mon intention était qu'il retirât l'instruction de la main des prêtres. Les prêtres (continua–t–il, dans le style ignoble qui lui était ordinaire) disent aux jeunes gens que ce monde est comme une *diligence* qui doit les mener en paradis. Moi, je veux qu'on me remplisse cette *diligence* de bons soldats. » Il répéta ensuite tout ce qu'il avait lu le matin contre la religion dans le *Citateur*. Les traducteurs espagnols de *Diderot* et du baron d'*Holbach* devaient bientôt s'entendre avec un tel maître.

signé tôt ou tard sans la ruine de l'armée française en Russie. Sans doute les *Cortès* n'auraient pas réussi à subjuguer la nation espagnole; mais l'Espagne aurait cessé de faire cette diversion qui a été si heureuse, d'abord en faveur de la Prusse, ensuite de l'Autriche, et enfin de la Russie. La ressemblance des principes des *Cortès* avec ceux que manifestaient les usurpateurs de l'Espagne, avait déjà suffi pour rendre ce peuple inutile à la ligne européenne, comme l'établit l'écrivain anglais déjà cité.

Ferdinand, dit M. Bignon, *rentre avec un cortége de courtisans : le nom seul de constitution les effraie. Alors des modifications étaient possibles.* Ce cortége de courtisans se réduisait aux deux hommes qui s'étaient enfermés avec les princes d'Espagne à Valençay, le duc de *San Carlos*, leur ancien gouverneur, et le chanoine *Esquoïquitz*, leur ancien précepteur. Ni l'un ni l'autre n'ont eu de l'influence dans le gouvernement intérieur de l'Espagne, depuis le retour de Ferdinand. Le duc de *San Carlos* ne fut que peu de temps ministre des affaires étrangères; et les libéraux d'Espagne ne leur ont jamais attribué d'avoir déterminé Ferdinand à rejeter la *constitution de Cadix.* On a vu que ce furent les réclamations universelles depuis Saragosse jusqu'à Valence, qui décidèrent le roi : et les hommes dont il se servit furent les généraux *Elio* et *Eguia*, braves militaires qui n'avaient cessé de verser leur sang pendant la guerre de *l'indépendance*, et qui n'avaient aucun rapport avec les courtisans que M. *Bignon* fait rentrer en Espagne avec Ferdinand.

Quant à ce que dit M. Bignon, que des *modifications* à la constitution *étaient possibles*, nous avons vu ci-dessus que des modifications furent proposées par les fidèles serviteurs du roi, mais que les Cortès répondirent : *la constitution, toute la constitution, et rien que la constitution.*

Ci-dessus, p. 19.

Les récompenses qu'obtinrent ses auteurs, continue-t-il, *sont l'exil, le cachot, les galères ; les héros de l'indépendance sont les martyrs de la liberté*. Le roi, avant d'entrer à Madrid, donna ordre d'arrêter les membres de la *régence* qui lui avaient prescrit si insolemment son *itinéraire*,

Voyez p. VI.

depuis son entrée en Espagne, ainsi que les chefs des Cortès qui l'avaient dépouillé de la souveraineté en lui laissant le vain nom de roi. Le nombre des personnes arrêtées fut de trente-quatre ; mais il n'y avait que quatre militaires, dont deux officiers de marine, et aucun dont l'histoire de la guerre de *l'indépendance* ait conservé la mémoire. Ces conspirateurs contre le trône de Ferdinand ne furent mis ni au cachot ni aux galères ; les plus dangereux furent envoyés à Ceuta et à

Melile ; mais loin d'être confondus avec les *galériens*, ces villes n'étaient pour eux qu'un lieu d'exil ; les autres furent relégués dans des villes ou des monastères d'Espagne, jouissant de leur fortune, entretenant leurs correspondances ; et l'on voyait souvent ces exilés arriver des diverses provinces d'Espagne, et faire des apparitions chez leurs *amis* de Madrid. Ce furent ces mêmes hommes qui fomentèrent l'insurrection de l'*île de Léon*, qui fournirent de l'argent, qui distribuèrent celui qu'envoyaient les Américains insurgés, les libéraux de France et d'Angleterre, pour empêcher le départ de l'armée destinée pour l'Amérique, et pour en faire un noyau de révolution pour l'Espagne et pour l'Europe. Nous avons le témoignage de *l'ultra-libéral Moreno de Guerra* sur la douceur, ou, pour mieux dire, l'imprévoyance dont on usait envers ces exilés. Après la découverte de la conspiration du 8 juillet 1819, *on prit*, dit-il, *de si faibles mesures et la persécution fut légère* (*quoique j'aie été, ajoute-t-il, un des trois plus persécutés*) *que le plan subsista dans son entier, et que ce fut le même dont l'explosion éclata le 13 janvier 1828.*

Voyez ci-dessus, p. 28.

Ferdinand **VII** a perdu le trône pour n'avoir pas pris, à l'égard d'ennemis si dangereux, les mêmes mesures qu'Henri **IV** adopta contre ces *ligueurs*, au sujet desquels M. Bignon a fait de si singuliers rapprochemens dans son discours du 25 février.

Les chefs de la *ligue espagnole* (A) que ce grand prince excepta de l'amnistie de 1694, ne rentrèrent jamais en France. Le duc d'Aumale, *Bussy Leclerc* et leurs principaux complices, finirent leurs jours sur les terres du roi d'Espagne.

M. le duc *de Broglie*, enchérissant sur M. Bignon, a ajouté, dans son discours prononcé à la Chambre des Pairs, le 14 mars dernier, que les hommes *qui ont dirigé la révolution* d'Espagne en 1820, étaient *sortis des cachots ou des galères, tout mutilés de tortures.* Je prie le gendre de madame de Staël de nommer le *libéral* qui a subi la *torture*, ou qui a été mis aux *galères* ou dans un *cachot.* Ah! depuis l'avènement de Ferdinand, on a mis des hommes au *cachot*; mais c'étaient *Elio* et *Vinuesa*, et les fidèles *gardes du corps*, en attendant qu'ils fussent livrés à la *garote* ou au *marteau!*

Les héros de l'indépendance sont les martyrs de la liberté, avait dit M. *Bignon.* Un autre écrivain ajoute : « En sacrifiant les intrépides défenseurs de l'Espagne, les seuls hommes qui eussent reçu des événemens les connaissances applicables à la situation des esprits, qui restait-il à Ferdinand pour le conseiller et l'aider? Ceux qui, incapables d'agir, n'avaient opposé aux événements et à la tyrannie étrangère que de bons sentimens. »

La réponse est simple : Ferdinand a *uniquement* employé les *intrépides défenseurs de l'Espagne*. A qui ce monarque confia-t-il son armée de 80,000 hommes, qu'il envoya sur les frontières de France, après l'invasion de la France par Bonaparte ? Aux généraux *Castanos* et l'*Abisbal* ; quels ont été ses ministres de la guerre ? les généraux *Eguia* et *Balesteros*. Enfin, qu'on cite dans tous ses ministres, dans tous ses généraux, dans tous ses commandans de provinces, un homme qui ne se soit pas distingué pendant la guerre de l'indépendance, et qui n'ait *opposé à la tyrannie étrangere que de bons sentimens.*

Une seule chose est à observer : c'est que tous les hommes qui ont montré leur fidélité au roi en 1820 et jusqu'à ce jour, à commencer par les généraux *Eguia, d'Eroles, Quesada, Charles d'Espagne, Longa,* Joseph et Charles *O'Donnel,* et à finir par le curé *Mérino* et le *Trappiste,* ont tous, sans exception, fait la guerre à l'usurpateur, et que, parmi les révolutionnaires, on voit au contraire plusieurs de ses partisans. La Navarre en offre, dans ce moment, un mémorable exemple. *Alexandre O'Donnel,* qui commande l'armée des *Cortés* dans cette province, était colonel d'un régiment dans l'armée de Bonaparte, pendant la campagne de Russie, dans le même

temps que son frère *Charles O'Donnel*, maintenant général de *l'armée de la Foi* dans la même
province, faisait la guerre au dévastateur de l'Europe, à l'oppresseur de sa patrie.

(A) Comme M. Bignon a beaucoup parlé de la *ligue*
dans son discours du 25 février, nous rappellerons
qu'on nommait *ligue espagnole* le parti qui voulait
faire passer la couronne de France à la maison d'Espagne, en opposition de la *ligue française*, qui voulait à la fois conserver en France la religion catholique
et la succession légitime de nos rois. C'est à la *ligue
française* qu'appartenait cette section du Parlement de
Paris, qui n'avait pas voulu suivre le premier président
Achille de *Harlay* et le corps du Parlement, lorsque
le roi l'avait transféré à Tours, mais qui néanmoins,
pendant les prétendus *Etats de Paris*, dominés par la
ligue espagnole, rendit le fameux arrêt du 27 juin
1593, pour la conservation de la *loi salique*.

On pense bien qu'il était dans le plan de Voltaire et
du parti *philosophique* de confondre les deux *ligues*;
de sorte que, voulant raconter l'assassinat commis par
la faction des *Seize* sur la personne du président Brisson,
le poëte philosophe a été obligé de dissimuler que ce magistrat était chef de la *ligue française* dans Paris; et
il lui donne d'aussi magnifiques éloges pour sa fidélité au
roi que, dix vers plus haut, au premier président Achille
de *Harlay*, qui présidait le Parlement de Paris séant à
Tours.

Henriade,
chant IV.

Pour répondre au long parallèle qu'on trouve dans le discours de M. Bignon entre les vues de *Philippe II* sur la France et celles que S. M. *Louis XVIII* a manifestées sur l'Espagne, dans le discours prononcé du haut du trône à l'ouverture de cette session, il suffit de dire que *Philippe*, *ligué* avec les ennemis de notre maison royale, voulait faire passer le trône de France à un de ses enfans, et que Louis XVIII protège les fidèles sujets de Ferdinand VII, et qu'il n'arme que pour les aider à replacer leur roi sur le trône.

CHAPITRE VIII.

*Du discours de M. de Talleyrand contre l'inter-
vention du roi de France en faveur du roi d'Espagne et des fidèles Espagnols.*

M. le ministre des affaires étrangères et M. le
duc de Fitz-James ont admirablement répondu
à toutes les parties de ce discours. J'ajouterai
quelques faits, comme l'on place des notes, avec
utilité, à la suite des plus beaux ouvrages.

Ce discours de M. de Talleyrand a été une
arme puissante entre les mains des factieux. Dans
cette fameuse *mascarade* de Lyon, dont les auteurs ont été livrés aux tribunaux, et où l'on représentait le commerce anéanti par les paroles de
S. M. sur la révolution d'Espagne, les *libéraux*
assis sur le *corbillard* où gisait la figure allégori-
que du Commerce, s'arrêtaient à chaque carrefour
pour faire lecture au peuple *du magnifique discours de M. de Talleyrand ;* et, dans le même
temps, la principale feuille de la faction donnait
à Paris un commentaire fort intelligible de ce discours.

« Se flatte-t-on, disait M. de Talleyrand, que

(69)

le secret de cette nouvelle croisade soit un mys-
tère pour les peuples ? Non, Messieurs, l'Espagne
conquise à la liberté, l'Espagne, sans privilegiés,
donne un spectacle intolérable pour l'orgueil ; il
ne faut pas le souffrir ; il faut faire en Espagne ce
que l'on n'a pu faire en France, la contre-révolu-
tion.... Il m'appartient à moi qui suis vieux, qui
respecte la France, qui suis dévoué au Roi et à
toute sa famille, à moi qui ai pris une si grande
part aux événemens de la double restauration ;
qui, par mes efforts, et, j'ose le dire, par mes
succès, ai mis ma gloire et ma *responsabilité*
toute entière dans ce renouvellement d'alliance
entre la France et la maison de Bourbon, d'empêcher, autant qu'il est en moi, que l'ouvrage de
la sagesse et de la justice ne soit compromis par
des passions folles et téméraires.... »

Voici le commentaire du *Constitutionnel* : *Feuille*
du 12 février
« Un fait devrait frapper les bons esprits. Des
personnages éminens prirent, en 1814, l'initia-
tive, et comme vient de s'exprimer *le plus considérable* d'entre eux, *la responsabilité* de la
révolution qui rendait à la France les rejetons de
l'ancienne dynastie. La notoriété publique désigne
MM. le prince de *Talleyrand*, le duc de *Dalberg*, le général *Dessoles*, le marquis de *Jaucourt*, le baron *Louis*, l'archevéque de *Malines*.
Dans quels rangs voyons-nous aujourd'hui ces

hommes? La réponse à cette question est bien grave : malheur à qui n'y trouverait pas un salutaire avertissement !... La maison de Bourbon avait fait un pacte avec les idées, les doctrines, les sentimens de 1789, et la guerre d'Espagne est précisément destinée à combattre ces grands intérêts de notre époque.... »

L'Espagne sans privilégiés donne un spectacle intolérable pour l'orgueil, dit M. le prince de Talleyrand. J'ai déjà cité, à la tribune, cette phrase de M. *Corradi*, le rédacteur des procès-verbaux des Cortès : *On ne comptait dans les Cortès constituantes de Cadix et dans celles constituées en 1813 et 1814, que* TROIS *députés plébéiens. Et le Constitutionnel* associe à M. de Talleyrand ce grand ennemi des *privilégiés*. » MM. Dalberg, Dessoles, Jaucourt, Louis (ancien conseiller au Parlement de Paris) et de Pradt, tous appartenant à l'ancienne classe privilégiée. Ainsi en Espagne et en France, ce sont des hommes *sublimes, désintéressés, des prodiges de vertu* qui font la guerre aux priviléges qu'ils avaient reçus de leurs pères, au profit du *bon peuple ;* et ce *peuple*, par un renversement de sens, dans toute l'Espagne comme dans la Vendée, s'expose au pillage, aux massacres et à tous les périls d'une guerre civile, pour se défendre contre *ses amis*, contre ceux qui lui apportent

Notes sur l'ouvrage du c. de Toreno, p. 182.

la *liberté et l'égalité*. — Il est vrai que ces *amis* du peuple français se sont procuré aussi une fortune honnête, et que les chefs de la révolution espagnole en ont fait autant, à leur imitation. C'est le *pouvoir* qu'ont voulu saisir les *démagogues* de l'un et de l'autre pays, en montrant au peuple l'appât de *l'égalité* : tactique vulgaire et usée, puisqu'on l'avait employée depuis trois mille ans.

Moi qui ai pris une si grande part aux événemens de la double restauration, dit M. de Talleyrand. Il faut s'entendre. Comment avez-vous voulu cette restauration? Voici comment se termine l'acte du Sénat, du 6 avril 1814, intitulé *Constitution Française :* « Louis-Stanislas-Xavier sera proclamé roi des Français aussitôt qu'il aura juré et signé un acte portant : *J'accepte la Constitution; je jure de l'observer et de la faire observer.* » Si le roi de France s'était soumis à une pareille condition, il aurait abdiqué son droit héréditaire : mais les acclamations qui l'accompagnèrent de Calais à Paris, lui montrèrent que la *loi salique* et l'amour des fils de S. Louis étaient gravés dans le cœur des Français. Le Roi rejeta cette constitution; et, conformément au principe monarchique, il modifia de son autorité royale et héréditaire les anciennes lois politiques de la monarchie: montrant à l'Europe que, loin

de vouloir *faire un pacte avec les idées, les doctrines, les sentimens de* 1789; il rendait nul,
aux applaudissemens de toute la nation, le projet
de M. de Talleyrand et de ses *amis*, de faire
reconnaître le principe de la *souveraineté du peuple* au fils d'Henri IV et de Louis XIV, au doyen
des rois de l'Europe.

Une circonstance mémorable montra bientôt
jusqu'à quel point M. de Talleyrand aurait désiré
que le roi de France adoptât la révolution et
parût en avoir oublié tous les crimes. S. M., peu
de jours après sa première entrée à Paris, voulut
faire célébrer un service solennel pour son auguste
frère, dans l'église métropolitaine de Paris. Il fut
connu que M. de Talleyrand, alors ministre,
s'opposa, dans le conseil, à ce que la famille
royale remplît un devoir aussi sacré. Il pensait
sans doute que cette pieuse cérémonie serait
une sorte d'injure aux assassins de Louis XVI et
à leurs *amis;* mais l'âme royale de S. M. mé-
prisa ces vaines craintes. Le Roi alla lui même à
Notre-Dame, et rendit ainsi, en France, le
premier hommage solennel à la mémoire du *roi-
martyr.*

Les succès de M. de Talleyrand en faveur de
la révolution d'Espagne se borneront à la mascarade de quelques *libéraux* de Lyon; et ses
jactances, ses réminiscences révolutionnaires,

n'empêcheront pas le roi de France d'employer ses forces *pour conserver le trône d'Espagne à un petit-fils de Henri IV.*

CHAPITRE IX.

De la révolution de Portugal, des anciennes lois politiques de la Péninsule espagnole ; quel est le vœu de ses habitans.

Constitu-
tionnel
du 21 février.

DANS quels rangs *voyons-nous aujourd'hui ces hommes?* (MM. de Talleyrand, Dalberg, de Pradt, le baron Louis). *La réponse à cette question est bien grave : malheur à qui n'y trouverait pas un salutaire avertissement !* On a vu, dans le chapitre précédent, que c'est ainsi que s'exprime le commentateur du discours de M. de Talleyrand. Voyons donc *dans quels rangs* sont ces Messieurs, et quel *salutaire avertissement* ils nous donnent. Voici ce qu'on lit sur M. le duc *Dalberg*, ancien ambassadeur à Turin, dans un excellent écrit, composé en 1812 par un officier piémontais :

Simple récit
des événemens
arrivés
en Piémont
en 1821.

« Depuis la restauration, l'hôtel de l'ambassadeur de France avait toujours été le point de réunion des personnes opposées au gouvernement du Roi. Peu à peu cet hôtel devint le rendez-vous des malveillans, et, en 1819 enfin, le club des conjurés. On y prêchait ouvertement les maximes de la *Minerve* ou du *Nain Jaune*. Parmi les honorables propagandistes, se distinguaient encore le comte de Seidoltsdorf, ministre de Bavière, le chevalier Bardaxi y Azara, ambassadeur d'Espagne : ce dernier cachait quelquefois chez lui les mauvais sujets dénoncés à la police, et leur fournissait ainsi le moyen de séjourner à Turin. Les caves et le salon de cet ambassadeur étaient déjà des chaires publiques d'insurrection, avant que les Riégo, les Quiroga, les l'Abisbal, eussent traîné dans la boue les lauriers du peuple espagnol. Mais du moment où la péninsule eut donné l'exemple de la révolte militaire, l'attaque contre le Piémont devint directe : bouleverser ce petit pays, tel fut le but des libéraux de France et d'Espagne, et bientôt aussi des carbonari de Naples et de Lombardie. »

Turin était alors un des foyers les plus actifs de la révolution européenne ; mais le cabinet autrichien observait de très-près ce point-là. Il parut dans Paris, vers ce temps, une lettre qu'un *ami* avait reçue de Turin, et où on lui marquait que *sans ce capucin de Metternich, l'Europe était révolutionnée* (1).

---

(1) M. Dalberg a été fait *Français, pair* et *ambassadeur* par M. de Talleyrand ; il est parti pour l'Angleterre depuis le discours de son patron : on ne pense pas

L'Autriche garantit en effet, l'année suivante, Turin, comme Naples, du joug révolutionnaire. Mais le Portugal ne put résister à l'activité de la *propagande* espagnole.

Dès que les révolutionnaires furent les maîtres à Madrid, ils s'empressèrent d'envoyer des agens à Lisbonne et à Opporto. Ils employèrent cinq mois pour gagner quelques officiers de deux régimens qui étaient dans cette dernière ville ; ils leur fournirent beaucoup d'argent, pour répandre parmi les soldats. Enfin, le 25 août, ces officiers proclamèrent l'*insurrection* et un gouvernement provisoire qu'ils avaient eux-mêmes formé. Le roi étant dans le Brésil, et ses ministres en Portugal se trouvant des hommes faibles, les conjurés n'éprouvèrent pas de résistance. Le tribunal suprême de Lisbonne protesta de sa fidélité au roi, et réclama les anciennes lois du royaume ; mais il ne fut point écouté. La *terreur* fut employée dès les premiers momens : on prononça la peine du bannissement, contre toute personne qui refuserait serment aux futures Cortès et à la constitution qui serait rédigée. Le patriarche de Lisbonne, qui ne voulut pas prêter ce serment, se retira en France. Le roi arrive du Brésil ; on ne le laisse pas des-

---

qu'il y réussisse à *révolutionner l'Europe* ou la France, ce qui serait la même chose.

cendre de son vaisseau qu'il n'ait signé son approbation de la constitution qui *seroit faite*. Il perd toute liberté comme le roi d'Espagne, et la reine est condamnée à la déportation, ensuite à la prison pour n'avoir pas voulu prêter ce serment.

Il y a encore plus d'animosité contre la révolution dans le peuple portugais que dans le peuple espagnol. Il est persuadé que les révolutionnaires veulent détruire la religion et détrôner la maison de Bragance. L'entreprise du comte d'*Amarante* a tous les vœux de la nation en sa faveur ; et, chose remarquable, c'est que son oncle, don Antonio de *Silveyra*, qui contribua à l'insurrection d'Opporto, et le général Gaspard *Texeira*, qui marcha d'Opporto sur Lisbonne, à la tête de l'armée insurrectionnelle, se sont réunis au comte d'*Amarante*.

Le vœu de cette nation ne peut être douteux ; tous les gens éclairés, tous les grands propriétaires s'accordent, comme en Espagne, à demander les *anciennes Cortès*. Les révolutionnaires promirent la convocation de ces Cortès légitimes dès le premier moment de l'insurrection ; c'est ce qui séduisit beaucoup d'hommes recommandables, et c'est cette ancienne constitution qu'ils veulent encore.

Philippe II, après la conquête du Portugal, y

détruisit toutes les libertés publiques, comme il l'avait fait en Espagne. A la révolution de 1640, les Portugais se trouvèrent assez heureux de retrouver le gouvernement paternel de leurs souverains légitimes : l'amour mutuel du roi et du peuple tint lieu de toute garantie. Cependant les Cortès, ou états-généraux en trois ordres, s'assemblaient, à longs intervalles, pour l'octroi de l'impôt ; mais la dernière de ces assemblées s'est tenue en 1697.

Cette constitution, venue des Goths, était la même que celle d'Espagne, la même que les autres nations germaniques avaient établie en France et en Angleterre. De même que les évêques et les pairs anglais, tous les évêques et tous les *grands* des divers royaumes de la Péninsule espagnole étaient de droit membres des *Cortès* (1). Comme en Angleterre aussi, la Chambre des Communes espagnoles était composée des députés des villes désignées par des lois très-anciennes, auxquelles on n'avait pas apporté le moindre changement ; et, en conséquence, l'Espagne avait aussi ses *vieux bourgs* ; et, comme

______

(1) Les *Cortès* d'Espagne, les deux Chambres du Parlement d'Angleterre, les Parlemens en France, avaient le même nom, *curiæ*, lorsque les actes publics étaient rédigés en latin dans ces trois nations.

en Angleterre, plusieurs villes devenues importantes étaient sans députés.

Ferdinand VII envoya un ordre de Bayonne,
au *Conseil de Castille*, de convoquer ces Cortès.
Après l'invasion de Madrid, la Junte centrale de
Séville s'occupa de cette convocation. Un des
membres de cette assemblée, profondément versé
dans le droit public de son pays, *don Gaspard
Jovellanos* (1) fut chargé de proposer des modifications aux anciennes lois politiques de l'Espagne, en conservant leur esprit. Son travail fut
adopté par cette *Junte* (2), qui, dans des momens
si difficiles, ne pouvait avoir d'autre but que de
réunir tous les esprits, et il eut l'approbation de

---

(1) D. Gaspard–Melchior *Jovellanos* est l'auteur d'un
ouvrage fort remarquable sur les *lois rurales* d'Espagne
et sur les moyens de perfectionner l'agriculture dans ce
royaume. M. de Laborde a cru, avec raison, devoir
traduire cet écrit en entier : il forme une grande partie
du quatrième volume de son *Itinéraire* d'Espagne.

(2) On a vu plus haut que les soixante–neuf députés
qui présentèrent à Ferdinand VII, à son arrivée en Espagne, *les représentations* contre la constitution de Cadix, se plaignirent de ce que ce décret de la *Junte centrale* avait été mis en oubli à Cadix; ce qui prouve que
ce décret a le suffrage des Espagnols qui tiennent le plus
aux anciennes lois de leur pays. Ces *représentations*
furent rédigées par M. le marquis de Mataflorida.

tous les hommes éclairés de l'Espagne. C'est ce projet que les révolutionnaires de Cadix écartèrent, comme je l'ai expliqué plus haut, pour y substituer le code anarchique, qu'ils ont appelé *constitution espagnole.*

V. p. 14.

Le dernier acte de Ferdinand VII, avant de perdre sa liberté (le 7 mars 1820), a été d'ordonner au Conseil de Castille, conformément à l'ancien usage, de convoquer les Cortès. S'il se rencontrait des difficultés dans l'exécution de cet acte de la volonté royale, à cause des divers modes de députation usités anciennement dans les provinces qui ne dépendaient pas de la couronne de Castille, le projet adopté par la *Junte de Séville* pourra servir à diriger l'autorité qui, en l'absence du Roi et du Conseil de Castille, pourrait être appelée à convoquer les trois ordres du royaume. Les Espagnols, hors ceux qui appartiennent aux sectes des *francs-maçons* et des *communerós*, s'accordent à réclamer cette ancienne forme de gouvernement (A), avec les seules modifications que le temps a rendues nécessaires.

C'est la philosophie moderne, c'est l'impiété qui a besoin du pouvoir *arbitraire et absolu* pour enlever du cœur des peuples les sentimens que Dieu même y a gravés, l'amour de leur religion, et, par une conséquence, l'amour de leurs princes; c'est la *philosophie* qui a besoin d'un pouvoir arbitraire et sans bornes (tel que l'eut la *Conven-tion* de 1793) pour *étrangler le dernier des prê-tres avec les boyaux du dernier des rois.*

Si, en 1759, le Portugal avait conservé ses anciennes Cortès, la philosophie n'aurait pas choisi ce royaume pour y faire l'essai de ses persécutions. Il aurait fallu pénétrer séparément dans la chambre du clergé, dans celle de la noblesse et dans celle des communes. A l'absence de ces corps politiques, il lui suffit de s'emparer d'un homme corrompu et habile ; elle trouva le marquis *de Pombal*. La première attaque de la philosophie devait être contre ce corps de missionnaires qui prêchaient l'Evangile dans toutes les parties du monde, et que Voltaire appelait les *grenadiers du pape*. Le marquis *de Pombal* les enlève des forêts du Paraguai comme de leurs colléges de Portugal ; et entassés dans les fonds de cale des vaisseaux, comme le furent depuis les prêtres français par les philosophes de 1793, ils furent jetés sur les côtes des états du pape, emportant les regrets de tous les habitans des possessions portugaises. Le marquis *de Pombal* fit emprisonner les évêques qui défendaient cette institution ; et, pour que sa tyrannie ne pût éprouver d'obstacles, il inventa des conspirations pour exterminer les plus puissantes familles.

Quelques années après, le marquis d'*Aranda,*

correspondant de Voltaire, instrument du duc de Choiseul, persuada à Charles III que ces mêmes missionnaires étaient ses ennemis personnels. Ils sont enlevés en même temps en Espagne et dans les deux Indes, et jetés de même par milliers sur les côtes de l'état ecclésiastique. Charles III, trompé par son ministre, ne voulut pas confier le motif de cette persécution, même au souverain pontife. Il déclara qu'il gardait ses raisons dans son *cœur royal*. Si l'Espagne avait eu ses Cortès, jamais une pareille entreprise n'aurait été tentée. L'Espagne, comme le Portugal, ne déploreraient pas aujourd'hui la perte de ces instituteurs de la jeunesse (1), qui l'auraient préservée de l'invasion

---

(1) Notre roi Henri IV avait sur ces instituteurs de la jeunesse les mêmes sentimens que l'on entend exprimer aujourd'hui à tous les royalistes espagnols. Dès 1601, il écrivait au cardinal d'*Ossat* : « J'ai proposé l'union d'un certain prieuré assis auprès de ma maison de *la Flèche* à un collége que je désire fonder audit lieu, auquel je fais état de loger lesdits Jésuites, *comme les estimant plus propres et capables que les autres pour instruire la jeunesse.* » C'est ce collége de *La Flèche* où Henri IV voulut que son cœur fût déposé.

Lettres du cardinal d'Ossat, t. 5, 2e p., p. 26.

Sous le règne de ce prince, le nombre des colléges de Jésuites fut doublé en France; et la dernière année de sa vie, il envoya dans l'Amérique septentrionale ces mêmes missionnaires que, cent cinquante ans après, les

des doctrines impies et révolutionnaires; et la colonie chrétienne du Paraguai aurait suffi pour maintenir dans l'obéissance des deux rois toutes leurs colonies de l'Amérique méridionale.

Mais c'est surtout lorsque les révolutionnaires ont une fois triomphé dans une nation, et possédé le pouvoir, qu'une assemblée formée des divers ordres de l'état, est absolument nécessaire.

Quand *Sylla* eut déposé la dictature, le philosophe *Eucrate* lui demanda les motifs de sa sécurité. «Sylla, répondit-il, a donné à chaque famille de Rome un exemple domestique et terrible : chaque Romain m'aura toujours devant les yeux; et dans ses songes mêmes, je lui apparaîtrai couvert de sang; il croira voir les funestes tables, et lire son nom à la tête des proscrits. »

---

rois d'Espagne et de Portugal ont enlevés aux infortunés Indiens de l'Amérique méridionale.

Les philosophes ont détruit, dans le dernier siècle, cette société de prédicateurs évangéliques. Les révolutionnaires, formés par cette philosophie, ne cessent aujourd'hui de les attaquer avec fureur, et ils donnent par là une nouvelle preuve de l'excellence de cet institut. On voit clairement, par leurs discours et par leurs écrits, qu'un philosophe révolutionnaire prendrait encore plus de plaisir à tuer un Jésuite qu'un roi.

C'est cette *terreur* (1) qu'inspirent les révolutionnaires, alors même qu'ils n'ont plus le scep-

------

(1) On a remarqué que les journaux révolutionnaires
peignaient, avec beaucoup de force, et à diverses re-
prises, tous les détails des crimes atroces commis par les
cannibales espagnols. Au premier aperçu, cette naïveté
paraissait singulière, et ce n'est qu'à la réflexion qu'on a
pu juger leurs desseins. Les révolutionnaires de France
voulaient intimider les royalistes français et leur montrer
ce qui les attendait, s'ils osaient faire la guerre à la révolution. Il y a eu, dans une feuille publique, des réflexions remarquables sur ce sujet. On voit, au bas de
cet article, la signature d'un jeune homme, mais il est
évident qu'il venait de converser avec un homme qui a
vu toute la révolution, et qui l'a combattue avec autant
de constance que de talent.

Quotidienne du 10 janvier 1823.

« Telle est l'impression profonde que la révolution a
laissée dans les esprits en France, qu'aujourd'hui même,
sous le règne du prince légitime, elle a su se conserver,
par la *terreur* de ses souvenirs, une sorte d'empire sur
les opinions. Les peuples ont si long-temps tremblé devant ses redoutables tribunaux, que l'image de ses excès
vient encore de temps en temps intimider les consciences
les plus fidèles. On se surprend parfois des mouvemens
d'appréhension, comme si de ses décrets dépendaient
encore nos destins, et comme si l'honnête homme, pour
se dérober au supplice, était encore forcé de cacher ses
vertus, et de dissimuler ce qu'il a fait pour son roi.

« Cette *terreur* révolutionnaire influe donc principa-

tre, qui oblige, pour la sûreté de l'Etat, à appeler autour du monarque ceux de ses sujets qui ont le plus d'intérêt à la conservation de l'Etat. Tout fils d'Adam est sujet à la séduction et à l'erreur, et les princes y sont plus exposés que les autres

----

lement sur le pouvoir. On a tant de fois répété que les rois sont les mandataires du peuple, et la révolte a si souvent mis ce principe en action, que les gouvernemens ont presque fini par douter de leur puissance et de leur légitimité. Tout en refusant de se croire les vassaux de la révolution, ils semblent lui reconnaître une sorte de juridiction, en se soumettant volontairement à ses censures, et en se plaçant sous sa surveillance immédiate. Combien de fois, depuis sept ans, n'a-t-on pas vu le ministère trembler devant elle, au lieu de la faire trembler, et au lieu de l'enchaîner se laisser enchaîner par elle?..... »

Une Assemblée ne reçoit jamais cette *terreur*. Lorsque, le jour de l'expulsion de M. *Manuel,* le général *Demarcay* menaça le président de la Chambre du *jour de la justice,* la Chambre répondit par le rire du dédain. Une assemblée d'hommes graves, qui ont mérité la confiance de leurs concitoyens, sentent bien que les révolutionnaires ne sont à craindre que lorsqu'on leur met la victoire dans les mains. C'est un avantage que peut leur donner un ministre, mais jamais une assemblée de députés nommés par les grands propriétaires d'une nation.

hommes, parce qu'on a plus d'intérêt à les tromper. Le favori de *Jacques Ier* , le duc de *Buckingham*, en suscitant le premier une opposition factieuse dans la Chambre des Communes, pour se rendre nécessaire à son maître, prépara l'échafaud de Charles Ier. MM. *Turgot, de Malesherbes* (1), *Necker*, auxquels Louis XVI accorda sa confiance, furent la cause immédiate de la chute du trône de France. Emmanuel *Godoy* amena Charles IV et toute la famille royale d'Espagne à Bayonne : on a vu comment *Ballesteros* et l'*Abisbal*, auxquels Ferdinand VII s'était confié, l'ont jeté dans les fers.

Lorsque le général *Elio* , voyant la révolte prête à éclater autour du palais de son roi, au commencement de l'année 1820, vint à Madrid offrir ses services à Ferdinand VII, et lui proposa de prendre l'*offensive* sur les *francs-maçons* de Madrid, comme le général *Eguia* et lui l'avaient fait en 1814, le duc *de San-Ferdinand* le renvoya à Valence, en le traitant d'*ultra-royaliste*.

---

(1) On voit, dans les Confessions de J. J. Rousseau, que M. de Malesherbes, directeur de la librairie, a fait imprimer, en France, l'*Émile*, la *Nouvelle Héloïse*, et qu'il a favorisé la circulation du *Contrat Social*. M. de Malesherbes a reconnu lui-même son erreur . et il l'a expiée en se sacrifiant pour son roi.

Le roi est perdu et nous aussi, dit *Elio* en retournant à Valence ; et il a subi la *garote* six mois avant que l'ancien ministre *San Ferdinand* fût condamné à voir un de ses successeurs au ministère déclarer au roi qu'il le ferait *lier* pour le transporter en tous lieux où l'ordonneraient les *Cortès*. Si Ferdinand VII, dès 1814, eût convoqué les anciennes Cortès en trois ordres, les généraux Elio, Eguia, Castanos, et tant de serviteurs fidéles auraient certainement appartenu à une des chambres ; tous les vénérables évêques d'Espagne auraient environné le roi ; et les trois ordres de l'Etat l'auraient éclairé sur la conduite de l'*Abisbal* et des autres fourbes ses complices ; les membres de cette grande assemblée, appartenant à toutes les parties de l'Espagne, auraient fait connaître les *sociétés secrètes* qui avaient fini par être publiques, par l'incurie du gouvernement ; et, sans aucun doute, le trône d'Espagne serait encore debout.

Aussi ceux qui ont fréquenté les émigrés espagnols ont tous remarqué que, quoique divisés sur le choix de leurs chefs, ils étaient parfaitement unis dans leur opinion pour la convocation des Cortès en trois états, et qu'ils étaient également pénétrés de l'idée du danger qu'il y aurait à laisser encore une fois leur monarque isolé en face de la puissance, de l'audace et de l'astuce des révolutionnaires.

Disons un dernier mot sur ce sujet. On avait cru, à l'étranger, que l'on pourrait établir un parlement avec deux chambres en Espagne et en Portugal. Ces deux nations toutes chrétiennes et catholiques ne consentiraient jamais à ce que le clergé n'eût pas son vote séparé dans les Cortès, avec la puissance d'empêcher tout ce qui pourrait diminuer l'influence de la religion.

(A) Les anciennes Cortès d'Espagne avaient absolument la même composition que les Etats-Généraux de France. En Espagne comme en France, le clergé, la noblesse et les communes délibéraient séparément : ainsi chaque ordre de l'Etat défendait ses droits ; et comme il fallait que les trois ordres fussent d'accord pour produire une résolution des *Cortès* ou des *Etats*, toute révolution devenait impossible. Cette division du pouvoir législatif est le principe de tous les gouvernemens formés en Europe par les nations germaniques qui, au cinquième siècle, envahirent l'empire romain. « Les « affaires peu importantes, dit Tacite, dans sa descrip-« tion de la Germanie, sont réglées par les chefs, les « autres par l'assemblée générale ; de manière cepen-« dant que dans les grandes affaires dont la décision « appartient à l'assemblée générale, la discussion est « réservée aux chefs (1). » C'est en citant ce passage

----

(1) *De minoribus rebus principes consultant, de majoribus omnes : ita tamen ut ea quorum penes plebem arbitrium est, apud principes pertractentur.*

que Montesquieu dit : « Si l'on veut lire l'admirable
« ouvrage de *Tacite* sur les mœurs des Germains, on
« verra que c'est d'eux que les Anglais ont tiré l'idée
« de leur gouvernement politique : ce beau système a
« été trouvé dans les bois. »

Un des meilleurs traducteurs d'Homère a montré
dans ce poëte ce même gouvernement que Montesquieu
a trouvé dans Tacite. On le voit exposé plus clairement
encore dans l'admirable livre sur les mœurs des anciens
peuples de la Grèce, que *Thucydide* a placé à la tête
de son histoire. Un père de famille qui délibère sur les
affaires ordinaires avec ses fils aînés, sur les grandes
affaires avec toute sa famille, et séparément avec les
fils aînés, est un gouvernement très-conforme à la nature.

Ce gouvernement paternel avait été effacé partout
par le despotisme des empereurs romains. Les Germains
le reportèrent dans presque toutes les parties de l'Europe, et il y fut perfectionné par l'influence de la religion
chrétienne.

Le mécanisme *rigide* des trois pouvoirs, tel qu'on l'a
vu pour la première fois en Angleterre, n'a été établi
dans ce pays qu'après les guerres civiles du treizième
siècle, par l'acte appelé la *grande charte*.

Lorsque saint Louis, entouré de son *Parlement*,
prononça, à Amiens, son jugement sur les différens que
le roi et le *Parlement* d'Angleterre avaient soumis à
notre saint monarque sur l'exécution de cette *charte* si
célèbre, croit-on que le *Parlement* de France portât
envie à celui d'Angleterre ? Nos voisins n'ont eu, plus
tôt que nous, une constitution *écrite*, que parce qu'ils

ont eu des rois tyrans et faibles. En France, l'amour mutuel du prince et des sujets, et la certitude de la succession à la couronne dans une famille royale qui n'avait qu'un même intérêt avec le pays, ont formé, pendant des siècles, notre constitution *usuelle*. Nos malheurs nous ont obligés, à notre tour, d'écrire nos lois politiques : notre devoir est de les conserver et d'en faire une juste application.

P. S. Depuis la publication de mon écrit, j'ai eu connaissance du grand ouvrage intitulé : *Théorie des Cortès*, ou *Histoire des grandes Assemblées nationales des royaumes de Castille et de Léon*, par *don Francisco Martinez Marina*, (député aux Cortès actuelles). Ce savant écrivain fait très-bien connaître les anciens droits politiques de l'Espagne. Mais son livre n'en contient pas moins la condamnation la plus complète de la *constitution de Cadix*. Ces anciens droits politiques étaient confiés à la garde des trois ordres délibérant séparément; aussi dans une longue suite de siècles l'histoire d'Espagne n'a-t-elle offert aucune atteinte ou à la religion, ou aux droits du trône, ou aux propriétés. Mais l'Assemblée dite *constituante* de Cadix, en 1812, comme l'Assemblée dite *constituante* de France, en 1789, n'étant pas contenues par le *veto* du clergé et de la noblesse, conformément à cette antique constitution qui a conservé les divers états de l'Europe pendant quinze siècles (1), le même boule-

____

(1) En Angleterre même, le clergé, pendant plusieurs siècles, a délibéré séparément de la noblesse. Les deux ordres ayant les

versement a dû avoir lieu dans les deux nations. Il est vrai (dit M. de Bonald, parlant de la révolution de 1789 dans son excellent écrit sur le dernier ouvrage de Mme de Staël) « il est est vrai qu'une fois les trois ordres « de l'Etat confondus dans une même assemblée et un « seul vote, la révolution était inévitable, par l'ex- « cellente raison qu'elle était faite, et que l'ancienne « constitution était renversée. »

----

mêmes intérêts politiques, se réunirent depuis pour délibérer en commun ; mais tous les évêques, et jusqu'à la *réformation*, tous les abbés, eurent entrée à la chambre haute. Peut-être, si sous Henri VIII le clergé avait formé un ordre à part, Jean *Fischer*, évêque de Rochester, de vénérable mémoire, aurait-il réuni ses confrères dans la défense de l'antique foi : par une résistance *légale*, ils auraient pu du moins retarder la dernière décision du roi, et mettre ainsi obstacle à la précipitation qui fut la dernière cause du schisme de l'Angleterre.

Quelques mots sur les divisions qui ont éclaté parmi les royalistes espagnols.

Il y a eu des divisions parmi les royalistes espagnols comme il y en a eu entre les chefs de la Vendée. Lorsqu'une monarchie entre en guerre civile, et qu'il ne se présente pas un prince du sang pour se mettre à la tête des défenseurs du trône, il est impossible que parmi les chefs, dont les droits sont égaux, il n'éclate pas de fâcheuses rivalités. N'a-t-on pas vu, après les *cent jours*, M. le comte d'*Autichamp*, d'une part, M. le général *Canuel* et M. le comte Auguste de la *Rochejaquelein*, de l'autre, écrire des mémoires qui rappelaient qu'il avait existé la plus funeste mésintelligence entre ces généraux vendéens? Cependant qui doute du dévouement et de la pureté des sentimens de ces excellens royalistes ?

Deux ministres fidèles de Ferdinand VII étaient émigrés en France, M. le lieutenant-général *Eguia*, ancien ministre de la guerre, et M. le marquis de *Mataflorida*, qui était ministre de la justice au moment même où le roi perdit sa liberté. M. le général *Eguia* avait précédé le roi à Madrid en 1814; c'est lui qui exécuta avec fermeté et sagesse les ordres de S. M. C., pour la dissolution de la régence des Cortès. Le jour où

le roi lui retira le ministère de la guerre, pour
le confier au général *Ballesteros*, fut regardé par
les fidèles Espagnols comme le présage des plus
grands malheurs. C'est sous ses ordres que les
généraux *Quésada* et *Santos Ladron* ont les premiers déployé l'étendard royal dans la Biscaye
et la Navarre : le curé *Mérino* et *Zavala* ont toujours correspondu avec ce lieutenant-général.

Bessières s'empara de *Mequinenza* au mois
de juillet 1822; le *Trappiste* et *Romagosa* em-
portèrent, peu après, les forts d'Urgel; le lieutenant-général baron d'*Eroles* commanda dans
la vallée de la Sègre, depuis les Pyrénées jusqu'à son embouchure dans l'Ebre. M. le marquis de *Mataflorida*, qui avait eu, à ce que l'on
pense, beaucoup de part à la direction des événemens de Catalogne, quitta alors Toulouse, et
proclama à *Urgel*, le 13 août, l'établissement
d'une régence, formée de cet ancien ministre, de
M. l'archevêque de Tarragone et de M. le baron
d'Eroles.

Tous les Espagnols sentirent la nécessité de
l'unité de gouvernement; le *Trappiste* alla chercher le général *Quésada* en Navarre, et il l'enga-
gea à venir reconnaître la régence à Urgel. Enfin
M. le général *Eguia*, quoique le plus ancien
lieutenant-général d'Espagne et conseiller d'état
(dignité ambitionnée par les ministres dans cette

monarchie), fit le noble sacrifice de son rang, et reconnut la régence.

La *Régence*, après quatre mois de résidence à Urgel, a perdu tout territoire en Espagne. M. le marquis de Mataflorida a une grande connaissance des lois de son pays, et il s'est montré homme d'état lorsqu'il fut le chef et l'organe de soixante-neuf députés qui présentèrent à Ferdinand VII leurs réclamations contre la constitution de Cadix ; mais on pouvait s'attendre que les militaires tourneraient les yeux vers leur chef naturel pour tenter une nouvelle entreprise : ils ont presque tous reconnu M. le général *Eguia* comme devant les diriger ; et c'est d'après son vœu qu'ont été choisis les membres de la *Junte provisoire du Gouvernement*, que les journaux de Toulouse ont annoncé devoir se fixer au quartier-général de Mgr le duc d'Angoulême.

-----

(1) Qu'il me soit permis de dire que je m'honore d'être l'ami des deux magistrats membres de cette Junte provisoire. C'est dans les longs entretiens que j'ai eus avec ces respectables Espagnols que j'ai connu le grand caractère et les vertus de cette nation. Me sera-t-il permis de dire encore que l'intérêt que j'ai partagé avec tous les royalistes français pour les royalistes espagnols est de plus fondé chez moi sur le motif le plus cher et le plus sacré. Un de mes frères, pendant notre révolution,

Les membres de cette *Junte provisoire du Gouvernement* sont des hommes très-distingués par leurs lumières et par une longue expérience dans les plus importantes fonctions ; ce sont de véritables Espagnols, d'une parfaite indépendance, attachés uniquement à leur roi et aux lois de leur patrie.

---

avait adopté l'Espagne pour patrie, et c'est de cette terre hospitalière qu'il est passé à une meilleure vie. Il a exprimé sa reconnaissance pour la nation espagnole dans des lettres que M. de Châteaubriand voulut insérer dans les appendices du *Génie du Christianisme*. Il écrivait à sa famille, après avoir parcouru une grande partie de l'Espagne : «.... Je ne crois pas avoir jamais « fait de voyage avec plus de confiance ni avec plus « de plaisir : je n'ai trouvé que des gens honnêtes, bons « et charitables.... J'estime extrêmement ce peuple qui « s'estime lui-même, qui ne va pas servir chez les au- « tres nations, et qui a conservé un caractère vraiment « original.... Que de braves gens ! il n'y aurait pas moins « de *martyrs* ici qu'en France, s'il était possible d'y « attaquer la religion. Je doute qu'on l'entreprenne en- « core....» Cette lettre a été écrite en 1799. Neuf ans après, Buonaparte introduisit l'impiété en Espagne avec ses armées, et les Cortès y font aujourd'hui des *martyrs*.

7e. édition, tom. 4, aux *notes*.

CHAPITRE X.

Comment se fait-il que les habitans de la Pénin-sule espagnole aient besoin de secours étrangers pour se délivrer du joug des conspirateurs?

Histoire de Charles Ier.

« Lorsqu'on lut, dit *Hume*, l'accusation contre le roi, *au nom du peuple d'Angleterre*, une voix se fit entendre du milieu des spectateurs, et cria : *Pas un dixième du peuple*. Axtel, officier de garde, ayant ordonné de faire feu sur la loge d'où ces insolentes paroles paraissaient sortir, on découvrit que milady *Fairfax* y était, et que c'était elle-même qui avait eu le courage de les prononcer. »

Milady *Fairfax* était la femme du général de l'armée *parlementaire*, de l'ami de *Cromwel*; elle se faisait encore illusion sur la force numérique de son parti. Il n'y avait pas en Angleterre la centième partie des habitans qui voulût l'assassinat de Charles Ier. Je ne pense pas que parmi les Français il y en eût un sur dix mille qui n'eût horreur du parricide commis sur la personne de

Louis XVI (1). Cependant l'un et l'autre régicide furent commis, et sans obstacle, au milieu des capitales de l'Angleterre et de la France. Une armée de six mille hommes suffisait à *Cromwel* pour dominer le peuple anglais. Les *comités révolutionnaires* tenaient les Français *dans la terreur.* Ces deux genres de forces sont employés contre les malheureux Espagnols. Sans rappeler les décrets de proscription rendus par les Cortès de Madrid et de Lisbonne, et les proclamations de Mina, et l'assassinat des *gardes-du-corps* dans les prisons de Grenade, au moment même on annonce que les révolutionnaires de Valence ont enlevé quatre-vingts pères de famille de leur domicile et les ont déportés à l'île de Ivica, et que les *loges maçonniques* de Barcelonne ont distribué des *poignards* à tous les associés pour assassiner, au premier moment, les royalistes. Quarante scélérats de ce genre, armés de toute la force du gouvernement, et agissant en même temps sur tous les lieux, avec l'activité et le secret des conspirateurs, suffisent pour opprimer toutes les familles paisibles d'une grande ville. Les royalistes pourraient-ils s'armer? Si deux d'entre eux parlent

---

(1) La Providence permit que la *Convention* rendît un hommage involontaire aux sentimens de la France, en refusant l'*appel au peuple.*

7

ensemble ils sont aussitôt *suspects*, assassinés ou déportés.

Les honnêtes gens pourraient-ils se communiquer leurs pensées par des écrits? *Vinuesa* n'a péri sous le *marteau* que pour avoir publié quelques feuilles contre les ennemis de la religion et de la royauté. M. *de Balmaseda* (le même qu'on a vu à Paris envoyé de la régence d'Urgel) a eu sa maison forcée, et a été obligé d'émigrer pour éviter le sort de *Durosoy* et de *Sulleau*. Tout accord, toute communication de pensées entre royalistes est impossible dans l'enceinte des villes. Ce sont comme de vastes prisons d'où la population ne peut être délivrée que par des forces étrangères unies aux corps de *royalistes* que les campagnes seules peuvent fournir.

Voilà l'avantage immense qu'a le peuple *libéral ;* il est *libéré* de toute crainte des jugemens de Dieu. Les livres dont on le nourrit lui apprennent que les hommes sont la production du hasard * ; qu'ils ne sont pas, comme on leur disait autrefois, les enfans d'un Père commun ; qu'en conséquence aucun rapport ne les lie, et qu'ils peuvent les exterminer selon leur intérêt et leur plaisir. Aussi a-t-on vu les libéraux espagnols en Catalogne, comme les libéraux français dans la Vendée, massacrer à Castelfollit et à Urgel les femmes et les vieillards, et porter pour éten-

* Voyez la liste des livres traduits en espagnol, p. 10.

dard des enfans au bout de leurs baïonnettes. Ils ont violé le territoire de France pour massacrer des malades dans un hôpital : et les libéraux de France ont battu des mains ; ils ont célébré Mina et ses proclamations dans leurs livres ; ils l'ont loué d'avoir, d'une *main vigoureuse* (ce sont leurs expressions), *balayé* la Catalogne. Les libéraux espagnols, par reconnaissance, viennent chanter *la Marseillaise* et la *Tragala* sur le bord de la Bidassoa, et crier *vive la liberté française! vive le côté gauche !*

Mais, dans ce même temps, comment combat-on de ce côté-ci de la Bidassoa les libéraux qui dirigent, encouragent et paient les libéraux espagnols? Là où ils sont les maîtres, ils punissent de mort tout homme qui écrit une page contre eux. En France, ils insultent tous les jours le trône, les lois, la morale, la religion dans leurs livres et dans leurs journaux, et ils échappent à toute répression. Là où ils sont les maîtres, ils tuent et déportent en masse tout ce qui leur est suspect; en France, ils sont libres d'agir sur tous les points, en pleine sécurité : pour qu'on les arrête, il faut qu'on trouve dans leur bagage des cocardes et des drapeaux tricolors.

Les libéraux *attaquent* donc tous les jours le gouvernement du Roi, et le gouvernement reste constamment sur la *défensive*. L'on sait cependant que, dans la guerre de conspirations comme dans la guerre en pleine campagne, ceux qui suivent la dernière méthode sont toujours sûrs d'être battus. Aussi les chefs de la faction, qui voient qu'on ne les attaque point par la seule arme qu'aient les gouvernemens réguliers, par la suspension de la loi politique, qui répond à l'*habeas corpus* des Anglais, célèbrent déjà leur triomphe futur; ils disent qu'après plusieurs conspirations découvertes, une seule bien conduite leur suffit pour triompher. Le château de Saumur ou la forteresse de Béfort leur paraissaient un point d'appui suffisant pour faire une révolution à la *Quiroga*. Combien a dû augmenter leur jactance lorsqu'ils ont cru disposer de toutes les forces de la Péninsule espagnole!

Mais que le gouvernement du Roi leur fasse la guerre des deux côtés des Pyrénées, qu'il attaque franchement le *comité directeur*, qu'il *balaye* à son tour, d'une *main vigoureuse*, les *ventes* des *Carbonari*, la faiblesse du parti serait bientôt manifeste, et l'on ne verra plus exprimer en Angleterre ni ailleurs des doutes injurieux sur la solidité du trône de France.

Si l'humanité qui doit lier les hommes de bien de tous les pays, si la charité qui unit tous les chrétiens, si le *pacte de famille*, lien particulier entre la France et l'Espagne, nous font un devoir de secourir nos voisins, notre propre intérêt nous en a imposé la nécessité.

Une secte ennemie des Gouvernemens existans parce qu'elle veut les remplacer ; ennemie de la religion chrétienne parce qu'elle ne veut avoir aucun frein, étend partout ses ramifications. Cette secte s'occupe sans cesse de chercher dans toute l'Europe les points faibles où elle puisse éclater, et changer ses *réunions secrètes*, ses *loges*, ses *ventes*, en rebellion audacieuse, comme elle l'a fait avec un succès de trois années à l'*île de Léon* et à *Opporto* ; avec un succès de quelques mois à Naples et à Turin ; et comme elle l'a tenté à Paris, le 19 août 1820, et depuis à *La Rochelle*, à *Thouars*, à *Saumur*, à *Béfort*, et à *Toulon*. Elle ne cherche qu'une position où elle puisse tenir quelques semaines, pour servir de point de réunion aux *frères*, quelque nom qu'ils portent, *teutoniens*, *carbonari*, *francs-maçons* ou *radicaux* : on envoie des forces contre eux ; mais lorsque l'autorité n'est pas vigilante, ces forces deviennent les leurs, comme il est arrivé en Espagne, à Naples et à Turin en 1820.

Cette guerre contre les gouvernemens n'a pas de trève, et personne ne doute que jamais elle ait été plus active contre le trône de France qu'elle ne l'est dans ce moment. Outre les preuves qui, en France, sortent de toutes parts, la question faite à **M.** *Canning*, dans la Chambre des Communes d'Angleterre les 15 et 16 mars dernier, en formerait la démonstration. Dans un tel état de choses, la France pouvait-elle souffrir que la conspiration *libérale* s'étende sur quatre-vingts lieues de ses frontières ? Ne pas l'attaquer sur ce point, ce serait absolument comme si on l'avait laissé triompher à *Thouars*, lorsqu'elle y eut proclamé *la république*, formé la municipalité et le tribunal, pour administrer et juger au nom du *comité directeur* transformé en *directoire exécutif*. *Urgel* et *Figuières* sont plus près de Paris que Toulon, dont le comité directeur voulut s'emparer il y a un an. Toute la différence, c'est que les révoltés qui auraient surpris les forts de Toulon, auraient eu contre eux une population fidèle qu'ils n'auraient pu enchaîner, au lieu que les libéraux établis sur la frontière d'Espagne depuis la conspiration contre le palais de Madrid en 1820, ont pu commander, au nom du Roi, à une population opprimée, et ouvrir ainsi une vaste région à tous les révolutionnaires armés, de quelque partie de l'Europe qu'ils soient habitans.

Si la conspiration de la Rochelle avait réussi, on aurait vu arriver d'Angleterre, de la Belgique et de l'Amérique, tous les conspirateurs que les procédures et les lois avaient chassés du sol français. Les troupes de S. M. auraient eu en face les compagnons de *Delon*, de *Montarlot* et les soldats de *Pépé*. Ne sont-ce pas les mêmes bandes *libérales* qui sont formées sous le drapeau tricolore à *Vittoria* et à *Roses*? Est-ce à l'Espagne ou à l'armée du *comité directeur* que *Robert Wilson* destine ses *auxiliaires radicaux*? Ainsi les hommes paisibles qui auraient voulu que le roi de France ne fît pas la guerre contre la révolution qui a établi ses armées en Espagne, exprimaient, sans le vouloir, un vœu semblable à celui qu'ils auraient formé s'ils avaient conseillé, il y a un an, de laisser le drapeau tricolor sur les murs de *Thouars*. Qu'ils regardent d'ailleurs autour d'eux, qu'ils considèrent tous les ennemis de leur pays depuis les assassins de 93 jusqu'aux conspirateurs du 20 mars, ils n'en verront pas un seul qui ne fasse cause commune avec la révolution d'Espagne. Actuellement ces ennemis de la France veulent effrayer sur les suites et la longueur de la guerre d'Espagne. « Calculez les forces qui vous sont nécessaires (disait naguère un des plus bas courtisans du dernier tyran de la France) : vous devez laisser des troupes aux Pyrénées pour votre *sûreté intérieure;* les places prises ou bloquées en exigeront aussi. Si vous franchissez l'Èbre, le cours de ce fleuve doit être défendu pour garder vos derrières et vos flancs. Ainsi affaibli avant d'arriver à Madrid , vous devez encore envoyer des forces à Grenade, à Cadix, à Badajoz, en conserver en Biscaye, en Navarre, en Aragon, et même établir des points de communication entre ces divers corps détachés. Une armée triple de la vôtre y suffirait à peine. »

Il semble encore à cet orateur que l'on va faire à l'Espagne une guerre semblable à celle qu'y a faite son maître. Mais, comme on l'a prouvé à toutes les pages de cet écrit, Bonaparte avait contre lui l'opinion de tous les vrais Espagnols, et ces mêmes Espagnols invoquent l'appui du chef de la maison de Bourbon. Bonaparte chassait les évêques de leurs siéges, les pasteurs de leurs paroisses, les religieux de leurs retraites, et nous allons les ramener au milieu des fidèles; enfin Bonaparte faisait la guerre au trône légitime, et le Roi de France va le relever. Les sentimens des Espagnols répondent à la première partie de l'objection; Bonaparte devait avoir des troupes sur tous les points, parce que ses ennemis étaient partout. Partout au contraire l'armée d'un prince du sang des rois d'Espagne trouvera des amis et des auxiliaires (1). Quant aux *forces* que l'ora-

----

(1) J'ai entendu M. le général *Quésada* donner une preuve de cette opinion de l'Espagne, à laquelle il n'y a rien à répondre. S'il s'est soutenu pendant huit mois

teur cité prétend qu'il *faudra envoyer à Grenade,
à Cadix, à Badajoz*, la proclamation de Mgr le
duc d'Angoulême rassure complétement sur une
pareille entreprise. « Espagnols, leur dit S. A. R.,
tout se fera pour vous et avec vous ; les Français
ne sont et ne veulent être que vos auxiliaires ;
votre drapeau flottera seul sur vos cités : les provinces traversées par mes soldats seront adminis-
trées, au nom de Ferdinand, par des autorités
espagnoles.... »

Les conspirateurs espagnols ont réussi, parce
qu'ils se sont emparés du palais de Madrid, et
ensuite du nom du roi. Ce nom seul a fait que de

---

en Biscaye et en Navarre ; si, avec quinze cent hommes,
il a traversé tout l'Aragon, et fait une marche de plus de
soixante lieues, d'Urgel à Irati, sans être entamé un
seul jour, c'est qu'il avait toute la population pour lui.
On ne peut expliquer d'une autre manière comment
comment *Mérino* a toujours conservé un corps armé,
infanterie et cavalerie, depuis l'époque de la captivité
du roi, en mars 1820. On ne peut expliquer autrement
comment *Zavala* tient la campagne en Biscaye depuis
si long-temps, comment *Bessière* occupe *Méquinensa*
sur l'Ebre depuis neuf mois : les marches de ce général
autour de Madrid, les succès d'*Ulman*, l'intrépide et
fidèle ami du général *Elio*, et tant de braves chefs des
royalistes espagnols en fournissent dans ce moment de
nouvelles preuves.

braves Espagnols se sont résignés à obéir aux nouvelles lois. Ces hommes fidèles virent d'ailleurs que les ambassadeurs de tous les souverains restaient auprès du nouveau gouvernement, et ils purent se croire abandonnés de l'Europe. Actuellement les journaux étrangers annoncent que les souverains vont envoyer leurs ministres auprès de la régence d'Espagne qui gouvernera jusqu'à la délivrance du Roi.

Cette régence, formée conformément aux lois d'Espagne, reconnue des puissances de l'Europe, dispensera l'armée *auxiliaire* du Roi de France d'aller dans le midi de l'Espagne. Les habitans de toutes les parties de la Péninsule sont unis par le même dévoûement à leur Roi, par le même attachement aux antiques lois de leur pays : et le fils de saint Louis, de saint Ferdinand, de Pélage (1), qui les aura délivrées d'ennemis mille fois plus cruels que les Maures, terminera ainsi au milieu d'eux la révolution qui depuis trente années attaque avec audace la religion chrétienne, les trônes, le repos de chaque famille, et menace de bouleverser le monde entier.

------

(1) Saint Ferdinand, fils du roi de Léon, était cousin germain de saint Louis, par sa mère Bérangère de Castille qui lui porta ce royaume, attendu qu'elle était la sœur aînée de Blanche de Castille, mère de saint Louis.

Pendant que saint Louis attaquait les ennemis du nom chrétien dans le Levant, saint Ferdinand leur faisait la guerre dans la Péninsule ; il réunit le royaume de Séville aux royaumes de Castille de Léon, et s'empara de Cadix. De même que saint Louis fut le législateur de la France par ses *établissemens*, saint Ferdinand donna un recueil de lois appelé *las Partidas*, qui a régi l'Espagne jusqu'à ce jour. Les deux rois protégèrent également les lettres : saint Ferdinand fonda l'université de Salamanque.

Les familles royales de France et d'Espagne descendent de saint Ferdinand par la reine Jeanne, fille d'Isabelle de Castille et de Ferdinand roi d'Aragon, mère de Charles-Quint, et par Marie-Thérèse d'Autriche, femme de Louis XIV.

Saint Ferdinand descendait de Pélage par les rois des Asturies, d'Oviedo et de Léon.

NOTE

QUI SE RAPPORTE AU CHAPITRE Ier.

Ibid.,
p. 178.

« On s'est beaucoup trompé sur l'état de l'Espagne, dit M. de Pradt. Depuis l'établissement de la maison de Bourbon, ce pays avait fait les plus heureux progrès. Philippe V, à l'époque de la paix qui lui assura le trône d'Espagne, ne comptait pas plus de huit millions de sujets; sous Charles IV, la population touchait à douze millions; la richesse avait pris d'immenses accroissemens; les villes changeaient de face; les arts s'étendaient, les lettres voyaient leur culte croître; en un mot, l'Espagne avait pris sa part de l'amélioration générale des sociétés européennes. Elle marchait encore vers la prospérité avec des moyens dont elle seule possède la source. Un meilleur ordre dans l'administration de ses colonies lui avait déjà beaucoup profité, et lui promettait pour l'avenir des fruits encore plus abondans. Ainsi, dans l'espace de dix ans, de 1778 à 1788, les produits de l'Amérique espagnole étaient passés de soixante-quinze millions de marchandises à deux cent dix, et en numéraire de cent dix millions à cent soixante-dix millions.

« Qu'on juge par ce premier pas, et qui, dans son principe était bien peu de chose, ce que l'Espagne avait le droit d'attendre dans l'avenir. La plus grande partie de ce bien-être était dû aux Princes de la maison de Bourbon. »

NOTE

QUI SE RAPPORTE AUX CHAPITRES II ET VIII.

« Joseph, dit M. de Pradt, ayant convoqué une assemblée de Cortès, la régence l'imita ; et pour suppléer au défaut de représentans directs du royaume qui n'avaient pu venir à Cadix, elle admit tous les suppléans de ces mêmes députés qu'elle put se procurer. De là sont venues ces Cortès si connues en Espagne et en Europe, et qui, après s'être conduites comme on le fait entre *anarchistes*, ont fini par ces Cortès auteurs de la constitution d'Espagne, qui a si fort irrité Ferdinand. »

Mémoires sur la Révolution d'Espagne, 3e édit., p. 23.

NOTE

QUI SE RAPPORTE AU CHAPITRE IV.

« L'évêque d'Orense, dit M. de Laborde, avait fait
« de son palais épiscopal un hospice où logeaient trois
« cents ecclésiastiques français condamnés à la dépor-
« tation dans le temps de la révolution. Ce prélat man-
« geait avec eux et se refusait tout genre de commodi-
« tés qu'il n'aurait pu procurer à ces infortunés. »

Itinéraire de l'Espagne, t. V, p. 39.

Presque tous les évêques d'Espagne exercèrent cette sainte hospitalité. Le cardinal Lorenzana, archevêque de Tolède, entretint constamment cinq cents prêtres français. On compte qu'il y en a eu en Espagne environ dix mille, depuis 1792 jusqu'en 1801.

Le Portugal en a nourri environ deux mille; et on doit le dire, la charité envers ces confesseurs de la foi y a été peut-être plus universelle qu'en Espagne.

Si l'on estimait à 500 fr. la nourriture et les habits de ces douze mille prêtres français pendant neuf ans, ce serait une dépense de 54 millions pour l'Espagne et le Portugal. Et comme il y eut des temps où il y eut en Espagne jusqu'à quatorze mille prêtres, et que l'hospitalité y fut aussi accordée à des religieuses et à des familles émigrées, on peut compter la dépense des deux royaumes en faveur des Français à 80 millions. Ajoutez que Charles IV pendant la révolution, et Ferdinand VII pendant les cent-jours, se sont conduits envers leurs augustes parens en dignes fils de Louis XIV. Ainsi les 100 millions que nous dépensons pour le roi et la nation espagnole ne sont qu'une dette dont nous nous acquittons; et d'ailleurs il ne faut pas perdre de vue que la guerre que nous allons faire en faveur de la nation espagnole est aussi nécessaire pour la sûreté de la France que pour la délivrance de l'Espagne.

Mais en oubliant la partie financière de cette dette, comment apprécier l'obligation que nous avons à l'Espagne et au Portugal, de nous avoir conservé plusieurs de nos évêques et douze mille prêtres, qui sont revenus dans notre patrie prêcher la religion, et, après vingt-cinq années de révolution, rappeler les peuples à l'amour de leur Roi?

P. S. Ayant appris qu'il y avait à Paris un ecclésiastique qui avait été honoré de l'amitié du vénérable évêque d'Orense, je l'ai prié de me donner quelques détails sur ce prélat. Il m'a écrit une lettre dont, avec son autorisation, je vais publier une partie.

« J'arrivai à la Corogne le 2 octobre 1792, avec quatre cent vingt-sept autres prêtres des diocèses de Vannes, d'Angers et du Mans. Nous y fûmes tous reçus comme des confesseurs de la foi par son excellence *don Ventura Caro*, capitaine-général de la Galice. Après huit jours d'une hospitalité généreuse, nous fûmes répartis dans les archevêchés de Sant Iago et les évêchés de Tuy, d'Orense, de Montenero et de Lugo. Je partis avec trente de mes confrères pour Tuy, dont l'évêque nous reçut en vrai pasteur; et *comme il en avait demandé un plus grand nombre*, d'autres vinrent nous joindre successivement.

« Le docte et saint évêque d'Orense a eu dans son palais ou dans sa ville épiscopale et son diocèse plus de quatre cents prêtres : un grand nombre vivait dans son palais et mangeait à sa table. Louis XVIII crut devoir lui en témoigner sa reconnaissance par une lettre datée du lieu de son exil.

« ... Il faut convenir que Charles IV et son peuple exercèrent l'hospitalité la plus généreuse envers les Français, et que les prélats de son royaume méritent surtout une reconnaissance éternelle de l'église de France. L'archevêque de Valence, les évêques de Cordoue, de Placentia et les autres recevaient, comme leur confrère l'évêque d'Orense, dans leur palais et à leur table les ecclésiastiques français.

J'eus l'honneur d'écrire à monseigneur l'évêque de

Cordoue, pour demander un asile pour les dames Ursu=
lines de Vannes, au nombre de plus de cinquante, et
je reçus l'assurance qu'elles y seraient reçues; invitant
à les faire débarquer dans le port le plus voisin possible
de Cordoue, où il les enverrait chercher dans des voi-
tures.

« ..... Lors de l'invasion de l'armée française en Espagne en 1808, Bonaparte écrivit à l'évêque d'Orense,
d'après l'assurance qu'on lui avait donnée que, s'il
gagnait cet illustre prélat, il ne trouverait plus d'obstacles à établir son frère Joseph sur le trône d'Espagne.
Le prélat fit imprimer sa réponse ; c'est cet écrit qui
arma la Galice, et auquel l'Espagne et l'Europe entière
doivent leur délivrance. (1)

« ..... Les Cortès, réunis à Cadix, nommèrent
l'évêque d'Orense membre de la régence. Mais elles le
dépouillèrent de cette fonction, parce qu'il ne voulut
pas reconnaître leur prétendue constitution. Cet homme
vénérable fut ensuite renfermé dans un couvent, d'où
il continua à écrire pour éclairer ses concitoyens : il fut
bientôt banni d'Espagne , et tous ses revenus furent
confisqués. Il se retira dans la partie de son diocèse,
qui est en Portugal ; il écrivit contre les Cortès, comme
il avait écrit contre Bonaparte ; il montra que les conspirateurs de Cadix étaient aussi ennemis de la religion,
du souverain légitime et de la patrie, que l'était

---

(1) Cet écrit n'était pas de la nature de ceux que laissait passer
la *censure* de Bonaparte : il est inconnu en France. Il serait à désirer qu'on en publiât la traduction.

l'usurpateur ; et par ses écrits lumineux il prépara l'entrée de Ferdinand VII à Madrid, la dissolution des Cortès et l'abolition de la prétendue constitution.

« ..... Ferdinand VII s'empressa d'appeler à Madrid le défenseur illustre de la religion et de la royauté : S. M. offrit au prélat des patriarchats et des archevêchés, mais il répondit qu'il ne voulait pas se brouiller avec *son épouse* d'Orense : cet évêché est le plus pauvre d'Espagne..... »

L'évêque d'Orense qui, dans ces derniers temps, a fait revivre les vertus courageuses des *Machabées*, créé cardinal en 1816, est mort le 27 mars 1818, âgé de quatre-vingt-deux ans : il est vénéré comme un saint en Espagne et en Portugal.

Ici se termine cet ouvrage, tel qu'il a été publié le 10 avril.

Depuis la publication de cet écrit, un prêtre du diocèse de Rhodez, m'a écrit une lettre qui complètera le tableau des bienfaits de la nation espagnole à l'égard des prêtres et des autres émigrés français.

« J'ai lu vos *Considérations* sur la révolution d'Espagne, et il me semble que vous avez très-bien jugé cette nation, qu'une expérience de dix ans m'a fait connaître et estimer. — Le 6 décembre 1791, arrivé à....., dernière ville de France, j'y fus reconnu pour prêtre, et repoussé de toutes les portes où j'allais demander l'hospitalité. Une pauvre vieille femme me rencontrant sur la rue, dans l'embarras d'un homme fatigué, sans asile pour se reposer, écouta mes plaintes, et me donna un coin de sa maison..... Le lendemain, à neuf heures du matin, j'avais franchi la frontière, et bientôt je me trouvai assez avancé dans l'Espagne pour ne plus entendre les cris de *ça ira*, qui m'avaient poursuivi en passant par..... (1). J'arrivai à Vieille, première ville d'Espagne. Je ne crois pas qu'il existe un pays plus disgracié de la nature; mais n'étant pas *révolutionné*, il me paraissait bien beau, quand je comparais le caractère farouche des habitans de..... avec la candeur, la simplicité et l'intérêt que ces braves Espagnols prenaient à mes malheurs..... Ici la générosité espagnole commence à se charger de mon entretien qu'elle continuera pendant dix ans.

---

(1) On voit, par quelques mots de cette lettre, combien les simples mémoires des contemporains font mieux connaître les temps que les ouvrages les plus travaillés des historiens. En 1791, c'était le fond même de la nation française qui était corrompu : les classes supérieures devaient être chassées de leurs maisons et de leur patrie, ou périr sur l'échafaud ; la masse du peuple devait voir les nouvelles générations toutes entières jetées sur les champs de bataille, et éprouver dans l'espace de vingt années la perte de quatre millions de jeunes hommes : acte de la justice divine des plus mémorables que le monde ait vu depuis le déluge.

La *conspiration* d'Espagne, au contraire, a été étrangère au peuple espagnol. De même qu'il accueillait, il y a trente ans, les prêtres français, il accompagne encore avec la même charité, les prêtres espagnols que ses tyrans éphémères repoussent au-delà des frontières. Aussi nous pouvons espérer de la miséricorde divine que la *conspiration* libérale importée dans ce pays, aura pris fin sans qu'elle ait pu produire dans le peuple espagnol ce changement dans la croyance et les mœurs qu'on appelle une *révolution*.

« J'arrivai à Saragosse, qui avait été le but que je m'étais proposé dès mon premier départ; mais je n'eus pas plutôt obtenu ce but tant désiré, que mes forces, le courage qui m'avait fait marcher comme par ressort, semblèrent m'abandonner entièrement. Je tombai malade, et restai un mois au lit, sans doute, pour me convaincre de plus en plus de la générosité espagnole. Les soins, non-seulement nécessaires, mais les plus délicats, me furent prodigués. On ne laissa pas ignorer ma situation à Mgr. l'archevêque, qui m'envoya trente petites pièces d'or de cent sols Je n'en avois pas besoin, aussi fis-je beaucoup de difficultés pour les recevoir. Les différens particuliers qui me connaissaient ne me laissaient manquer de rien; non pas, sans doute, par rapport à moi personnellement; mais par égard à mon état de prêtre, ou en considération de la cause que je défendais et qui leur était si chère (1). Etant rétabli de ma

---

(1) Dans un écrit que je distribuai à la Chambre des Députés au mois de juillet 1821 , je m'exprimais ainsi sur cette ville de Saragosse :

« Demandez à des émigrés espagnols si Saragosse, qui s'est immortalisée par une défense si héroïque contre l'armée révolutionnaire de Bonaparte , n'a pas les mêmes sentimens d'horreur contre la tyrannie révolutionnaire des Cortès. Ils vous répondront que cette ville, ainsi que tout le fond de la population d'Espagne, est animée du même attachement aux lois de la vieille Espagne , et surtout à la religion qui en est l'âme, aujourd'hui comme il y a dix ans. Mais pendant la guerre sacrée que l'Espagne fit à Bonaparte , elle avait de son côté le nom du roi. Actuellement c'est au nom même du roi qu'on lui impose les lois qui ont détruit et la religion et l'autorité royale. La signature du roi , arrachée

Quelques considérations sur la marche du ministère, 2e éd., p. 184.

maladie, on me fixa à une église pour dire la messe de onze heures, que M. le comte de Sastago, grand d'Espagne de première classe, venait entendre tous les jours : me voyant continuellement sans manteau (chose fort extraordinaire en Espagne), il m'en fit faire un, et me le fit offrir à la sacristie. J'eus honte alors de le recevoir, le regardant comme un don qui blessait mon petit amour propre ; mais pas autant cependant comme j'en ai eu depuis de l'avoir refusé, et d'avoir mortifié ce digne seigneur par mon refus imbécille.

« Je ne finirais pas si je voulais rapporter tous les traits de bonté que j'ai reçus de cette estimable nation ; ma reconnaissance particulière ne me permet pas cependant de passer sous silence les bienfaits dont me combla mon bon ami don Francisco Terrer, prêtre de Saragosse ; d'autant plus que la calomnie s'est plu à répandre que le clergé d'Espagne avait été notre plus grand ennemi ; ce qui est de toute fausseté, puisque c'est le clergé au contraire qui a nourri, entretenu les prêtres français pendant leur exil. Don Francisco Terrer était un prêtre de la plus rare vertu : son plus grand plaisir était de se réunir à nous, de causer avec les confesseurs de la foi, ainsi qu'il se plaisait de nous appeler. C'était le protecteur, l'ami des prêtres français ; mais je puis dire le mien en particulier. Ses facultés, sa maison était devenue la

---

« par les prétoriens de Madrid, est la seule chose qui a perdu « l'Espagne. »

Je transcris ces lignes le jour même où on apprend à Paris comment Saragosse a ouvert ses portes à un prince du sang royal de France et d'Espagne, qui va rétablir le trône de Ferdinand.

mienne; j'en usai de même pendant un an que je restai à Saragosse, et lorsque j'eus la douleur de le quitter, il m'accompagna jusqu'aux extrémités de l'Espagne par ses bons offices.

« Le décret de la déportation ayant réuni plus de douze cents prêtres à Saragosse, et rendus insuffisans les secours que Mgr. l'archevêque ne cessait de répandre sur tant d'infortunés, nécessita un ordre supérieur pour faire *interner* tous ceux qui n'étaient pas dans des couvents. Mon ami Terrer, dans le dessein de me garder auprès de lui, m'y fit entrer; mais la charité espagnole envers les prêtres français se multiplia si fort, que, rendant les ordres du roi illusoires, en faisant entrer tous les prêtres dans les couvents, et les moines s'empressant de les recevoir, donna lieu à une seconde ordonnance contre tous ceux qui n'étaient pas dans les couvents à telle époque. Je fus de ce nombre, et devant partir, mon ami Terrer, désolé de son impuissance pour me retenir, alla louer une voiture, qu'il paya de ses propres deniers, pour me transporter à Tolède, éloignée de plus de cent lieues. Il porta même la délicatesse jusqu'à réserver une place pour un ami de mon choix. Je pris avec moi l'abbé de G..... Notre bon ami nous offrit sa bourse à prendre à discrétion : l'abbé de G..... prit quarante francs; je savais qu'il en avait besoin. Si je quittai mon ami avec la plus grande peine, de son côté il ne m'oublia pas après mon départ; à mon absence il faisait jouer tous les ressorts pour me faire revenir à Saragosse, et ayant obtenu une exception pour moi à l'ordonnance, il m'écrivit de revenir, et de lui fixer

l'endroit où je voulais qu'il me fît compter de l'argent
pour mon voyage; mais je ne reçus cette lettre qu'à
Jaen, à près de deux cents lieues de Saragosse; et comme
j'étais en Espagne environ huit mois avant la déportation, connaissant mieux la langue du pays que ceux qui
ne faisaient que d'arriver, le grand-vicaire de Jaen avait
plaisir que je lui servisse d'interprête ou de causer avec
moi sur les affaires de France, et il ne voulut pas consentir à mon départ. Ainsi je fus forcé de transmettre
mon dernier adieu à mon ami.

« Pour vous faire remarquer la charité de don Francisco Terrer, j'ai été jusqu'à *Jaen* où m'ont suivi ses
bontés; mais je dois revenir sur mes pas, pour vous entretenir un moment des bienfaits que mes compagnons et
moi avons reçus du cardinal *Lorenzzana*, archevêque
de Tolède. Il recevait tous les prêtres français avec la
bonté du meilleur des pères : il nous encourageait, nous
louait, nous félicitait d'avoir donné de si éclatantes
preuves de notre foi, et il semblait envier notre sort que
nous croyions si malheureux. Le grand concours des
prêtres qu'on lui envoyait de toutes les parties de l'Espagne, ne put ralentir sa charité : il nous plaçait dans
les auberges n'ayant pas assez de local pour entretenir
tant de monde, et il envoyait, chaque soir, son maître-
d'hôtel pour payer toute notre dépense. J'y restai quinze
jours avec quatre cents autres prêtres français, pour
attendre que S. Em. eût reçu la réponse des évêques qui
devaient partager sa charité envers nous. A mesure que
nous recevions notre destination, nous étions remplacés
par d'autres, et aucun ne partait de Tolède sans être

habillé, qu'il en eût besoin ou non. Tous devaient, en partant, recevoir de la munificence de Mgr. l'arche—vêque, du linge et un habit complet jusqu'aux souliers. Nous comptions que chaque vêtement valait plus de deux cents francs. Il m'envoya à Jaen avec vingt-trois autres. J'ai toujours reçu vingt sols du gouvernement ou des évêques, et par conséquent 3,650 f. dans dix ans que j'ai resté en Espagne, à quoi il faut ajouter les offrandes pour les messes, de quarante sols pendant sept ans, et de vingt sols pendant trois. J'ai appris du secrétaire de l'archevêque que, indépendamment des dépenses extraordinaires aux passages des prêtres, S. Em. dépensait mille francs par jour en leur faveur, ou en faveur des familles émigrées auxquelles elle envoyait des secours lorsqu'on les lui faisait connaître. Si on multipliait cette somme par la durée de notre exil, on trouverait que la nation française doit plusieurs millions à un seul prélat espagnol.....

« Ce 20 avril 1823.

« B...., desservant de la succursale de B...,
diocèse de Rhodez. »

CHAPITRE XI.

Observations sur les discussions qui ont eu lieu au Parlement d'Angleterre, les 14 avril 1823, à l'occasion de l'intervention de la France dans les affaires d'Espagne.

« LE sens naturel du discours du Roi de France
« (dit M. *Canning*, dans la séance de la Chambre
« des Communes du 14 avril), est que la nation
« espagnole doit consentir à une modification de
« sa constitution, non à cause des défauts qu'elle
« peut offrir, mais parce qu'elle n'est pas émanée
« originairement de la couronne. Il est évident
« qu'en partant de cette base aucun espagnol ne
« peut consentir à entendre parler seulement
« d'une modification de sa constitution; *aucun*
« *homme d'état anglais ne peut soutenir ni favo-*
« *riser une semblable proposition.* Nous n'avons
« pas perdu un moment pour faire connaître à la
« cour de France ces sentimens du gouvernement
« britannique, et en déclarant ouvertement que,
« si tel est le but où l'on tend, l'Angleterre ne
« peut plus faire un seul pas; que le principe

« d'après lequel agit le gouvernement français
« ne peut être ni recommandé, *ni suivi par aucun*
« *homme d'état anglais, parce qu'il blesse les*
« *fondemens mêmes de la constitution de l'An-*
« *gleterre,* et que ce pays, ne pouvant l'accepter
« pour lui-même, ne peut pas le proposer aux
« autres. »

M. *Canning* a ainsi reconnu que les *Cortès*
avaient eu le droit de faire une nouvelle constitution, et il a proclamé que ce droit était tellement fondamental, que les *Cortès* ne pouvaient
consentir à entendre parler seulement d'une
modification à cette constitution. Il est important de montrer que ce ministre professe une
doctrine tout-à-fait nouvelle en Angleterre, et
que par conséquent les principes contraires ne
blessent pas les fondemens même de la constitu-
tion de son pays.

Le 4 octobre 1789, un *club* de Londres qui
avait pris le titre de *Société de la Révolution,*
envoya à l'*Assemblée nationale* de France, par
le ministère de lord *Stanhope,* une adresse de
félicitation, dans laquelle il était déclaré que le
peuple anglais avait acquis, par la révolution de
1688, trois droits fondamentaux : le droit de
choisir son roi ; le droit de le déposer pour mau-
vaise conduite ; enfin *le droit de se donner une*
nouvelle constitution.

« Voilà une déclaration des droits toute nou-
« velle, et certainement inouie jusqu'à ce jour,
« s'écria M. *Burke*. Quoiqu'elle soit faite au nom
« de tout le peuple, elle appartient cependant à
« ces messieurs (du club de la Révolution) et à
« leur faction. Le corps du peuple de l'Angleterre
« n'y a aucune part. *Il la désavoue entièrement.*
« *Il s'opposera à l'établissement d'une telle as-*
« *sertion au péril de sa vie et de sa fortune.* Il
« est engagé à le faire par les lois du royaume;
« par les lois établies au temps de cette même
« révolution, révolution que cette société, qui
« abuse de son nom, ose cependant citer en fa-
« veur des prétendus droits qu'elle met en avant. »

M. *Burke*, après avoir montré que la princesse
Sophie, électrice de Hanovre, fut appelée au
trône, non *par élection*, mais comme l'héritière
la plus proche de la maison régnante, dans la
ligne protestante, continue ainsi sa savante dis-
sertation sur les fondemens de la constitution
anglaise :

Réflexions sur la révolution de France, et sur les procédés de certaines sociétés de Londres rela- tifs à cet événement, 3e édit., p. 58 et suiv.

« Le troisième point de droit établi dans *l'adresse
de la société de la révolution*, le droit du peuple anglais *de se donner une nouvelle constitution*, a encore moins de rapports que les deux premiers, avec
ce qui s'est passé, soit en principes, soit en fait, au
temps de la révolution de 1688.

« La révolution a eu pour objet de conserver nos *an-*

ciennes et incontestables loix et libertés , et cette *an-cienne* constitution , qui est leur seule sauve-garde.

« La simple idée de la formation d'un nouveau gouvernement suffit pour nous inspirer le dégoût et l'horreur. Nous souhaitions à l'époque de la révolution , et nous souhaitons encore aujourd'hui , ne devoir tout ce que nous possédons qu'à *l'héritage de nos ancêtres.*

« Notre plus vieille réforme , est celle de la grande charte. Consultez sir Edward Coke , et vous verrez que ce grand oracle de nos loix , et que tous les grands hommes qui l'ont suivi jusqu'à Blacktone , ont réuni leurs efforts pour démontrer la généalogie de nos libertés , ils se sont efforcés de prouver que la grande charte , celle du Roi Jean , était en connexion avec une autre charte d'Henri Ier , et que l'une et l'autre n'étaient autre chose que la réconfirmation d'une autre loi du royaume, encore plus ancienne;

« Dans cette fameuse loi de la troisième année du règne de Charles Ier, appelé *la pétition des droits*, le parlement dit au Roi : « Vos sujets ont *hérité* de cette liberté », ils ne fondaient pas leur réclamation sur des principes abstraits comme *les droits de l'homme*, mais sur les droits des Anglais , et ils réclamaient le patrimoine de leurs ancêtres.

« La même politique se remarque dans toutes les lois qui ont été faites depuis pour la conservation de nos libertés. Dans le fameux statut de la première année de Guillaume et de Marie, appelé la *déclaration des droits*, les deux Chambres n'ont pas proféré une seule parole *du droit de faire une nouvelle constitution.* Elles

prient le Roi et la Reine « qu'il soit *déclaré* et ordonné
« que *tous et chacuns* les Droits et Libertés affirmés
« et déclarés, sont les véritables, *anciens* et indubita-
« bles droits et libertés du peuple de ce royaume. »

« Vous remarquerez que depuis l'époque de la grande
Charte jusqu'à celle de la déclaration des droits, telle a
été la politique constante de notre Constitution, de réclamer et d'affirmer nos libertés comme un héritage
qui nous avait été *substitué* par nos ayeux, et que
nous devions transmettre à notre postérité, comme un
bien appartenant spécialement au peuple de ce royaume,
sans aucune espèce de rapport avec aucun autre droit
plus général ou plus ancien. Par ce moyen notre Constitution conserve de l'unité, malgré la grande diversité
de ses parties. Nous avons une couronne *héréditaire*,
une pairie *héréditaire*, et un peuple qui tient par l'*héritage* d'une longue suite d'ancêtres, ses priviléges,
ses franchises et sa liberté.

« Cette politique me paraît être l'effet d'une profonde
réflexion, ou plutôt l'heureux effet de cette imitation
de la nature, qui, bien au-dessus de la réflexion, est
la sagesse par essence. L'esprit d'innovation est en général le résultat combiné de vues intéressées et de vues
bornées. Ceux qui ne tiennent aucun compte de leurs ancêtres, en tiendront bien peu de leur postérité. Par cette
politique constitutionelle qui agit d'après le modèle de
la nature, nous recevons, nous possédons, nous transmettons notre gouvernement et nos priviléges, de la même
manière dont nous recevons, dont nous possédons et dont
nous transmettons nos propriétés et la vie. En adoptant

ce principe d'héritage, nous avons donné à notre Gouvernement une ressemblance avec les rapports de famille; nous avons étroitement uni la Constitution de notre pays à nos liens domestiques les plus chers. Dans le sein de nos familles, nous avons adopté nos lois fondamentales, et nous avons rendu inséparables, et nous chérissons avec toute la chaleur que réfléchissent et que se procurent mutuellement tant d'objets d'amour réunis et combinés, notre état, nos foyers, nos tombeaux et nos autels.

« En adoptant ainsi le plan de conformer nos institutions artificielles au modèle de la nature, et d'appeler à notre secours son instinct puissant et immuable, pour fortifier les entreprises faibles et infaillibles de notre raison, et en considérant nos libertés sous le rapport de leur caractère héréditaire, nous avons trouvé plusieurs autres avantages et des plus importans. En canonisant ainsi nos ancêtres, et en agissant comme si nous étions sous leurs yeux, l'esprit de liberté, qui de lui-même tend aux excès et à s'écarter de la règle, est tempéré par une gravité respectueuse. Cette idée d'une transmission glorieuse nous inspire le sentiment d'une dignité natale et habituelle qui garantit de cette basse arrogance si commune et si avilissante que l'on remarque chez les nouveaux parvenus. Par ce moyen, notre liberté devient noblesse; elle porte avec elle un caractère majestueux et imposant; elle a sa généalogie et ses ancêtres illustres; elle a ses supports et ses armoiries; elle a sa galerie de portraits, les inscriptions de ses monumens, ses archives, ses preuves, ses titres.

«Vous auriez pu, si vous aviez voulu, profiter de nôtre exemple; et en recouvrant votre liberté, lui donner
un caractère digne d'elle. Vos priviléges, quoiqu'inter-
rompus, n'étaient pas effacés de la mémoire. Votre
Constitution, il est vrai, pendant que vous aviez cessé
d'en jouir, avait été bien endommagée et bien dilapi-
dée; mais il vous restait encore des pans de ses vieilles
murailles, et vous possédiez en entier les fondations de
ce château antique et vénérable. Vous auriez pu réparer
ces murs et bâtir sur les vieilles fondations. Votre Constitution avait été interrompue avant d'avoir été achevée; mais
vous aviez les élémens d'une Constitution aussi bonne qu'on
pouvait la désirer. Vous possédiez dans vos vieux Etats
cette variété de parties correspondantes aux différentes
classes dont votre ensemble était heureusement composé.
Vous aviez cette combinaison et cette opposition d'intérêts, vous aviez cette action et cette réaction qui, dans le
monde politique comme dans le monde naturel, fait sortir l'harmonie du combat des forces opposées. Ces con-
flits d'intérêt que vous regardez comme un si grand
désavantage dans votre ancienne Constitution, ainsi que
dans la nôtre, opposent une barrière salutaire à toutes
les résolutions précipitées. Ils font que les délibérations
ne sont pas une affaire de choix, mais de nécessité; il
en résulte que les changemens sont regardés comme
étant de la même nature que les *compromis* qui re-
quièrent de la modération, qui produisent des *tempé-
ramens*, qui empêchent ces douleurs cuisantes que
produisent des réformes non préparées, brusques et
sans modifications, et *qui rendent les entreprises in-*

considérées d'un pouvoir arbitraire, pour jamais
impraticables dans toute espèce de gouvernement,
soit dans celui d'un seul, soit dans celui de plusieurs.
Au milieu de cette diversité d'intérêts et de membres,
la liberté générale avait autant de points de sécurité
qu'il y avait de vues séparées dans les différens Ordres..... Vous aviez tous ces avantages dans vos anciens
États-Généraux.

« Si la dernière génération de votre pays vous paraissait trop peu illustre, vous auriez pu remonter à une
génération plus reculée. A l'aide d'une pieuse prédilec-
tion pour vos ancêtres, vos imaginations auraient per-
sonnifié en eux un exemple de vertu et de sagesse supérieure à celle que l'on voit pratiquer aujourd'hui, et
vous auriez débuté en annonçant l'exemple que vous
vouliez imiter vous-même. En respectant vos ancêtres,
vous auriez appris à vous respecter. Vous n'auriez pas
préféré de regarder le peuple de France comme n'étant
né que d'hier, comme une Nation de misérables qui auraient été plongés dans la servitude jusqu'à l'an premier
de la Liberté, 1789.

« N'aurait-il pas été bien plus sage, mon digne ami,
d'avoir pensé ce que, quant à moi, j'ai toujours fait,
que vous étiez une nation généreuse et aimable long-
temps égarée à votre détriment par vos sentimens nobles de fidélité, d'honneur et de loyauté ? Que les événemens vous avaient été défavorables, mais que vous
n'étiez serfs ni de cœur, ni d'âme; que dans votre soumission aveugle vous étiez dirigés par un principe d'esprit public, et que c'était votre patrie que vous adoriez

dans la personne de votre Roi. Si vous aviez donné à
entendre que dans l'aveuglement de cette aimable erreur vous aviez été plus loin que vos sages ancêtres, que
vous étiez résolus à reprendre la possession de vos anciens privilèges, tandis que vous conserviez toujours
l'esprit de votre ancienne et récente loyauté, et celui
de votre honneur ; ou si, ne vous fiant pas à vous-mê-
mes, et ne reconnaissant plus assez clairement la Constitution presqu'anéantie de vos ancêtres, vous aviez dirigé vos regards vers vos voisins *qui ont conservé existantes toutes les anciennes formes et les anciens
principes du droit commun de l'Europe*, et qui en
ont amélioré l'usage par leur Gouvernement. — En
suivant des exemples sages, vous auriez donné au monde
de nouvelles leçons de sagesse. Vous auriez rendu la
cause de la Liberté respectable aux yeux des esprits qui
en sont dignes, dans quelques nations que ce soit. Vous
auriez prouvé que la Liberté, quand elle est bien
disciplinée, non-seulement s'accorde avec la Loi,
mais *même qu'elle la fortifie.*

« En suivant des lumières trompeuses, il en a plus
coûté à la France pour acquérir des calamités évidentes,
qu'à aucune autre nation pour se procurer des avantages certains. La France a acheté la pauvreté par le
crime ! La France n'a pas sacrifié ses intérêts à sa vertu ;
mais elle a abandonné ses intérêts afin de pouvoir pros-
tituer sa vertu. Toutes les autres nations ont commencé
l'établissement d'un nouveau Gouvernement, ou la réforme d'un Gouvernement ancien, *en donnant une
nouvelle force à la Religion.* Tous les autres peuples

ont posé les fondemens de la liberté civile sur des mœurs plus austères et sur un système de morale plus mâle et plus sévère ; mais la France, au même moment où elle relâchait les rênes de l'autorité royale, a doublé la licence d'une dissolution féroce de mœurs, et d'une *irréligion aussi insolente* dans la pratique que dans les principes ; elle a fait circuler dans tous les rangs de la vie, toutes les corruptions malheureuses, qui n'avaient atteint que quelques classes, comme si elle appelait tous les hommes au partage d'un grand bien long-temps séquestré, ou comme si elle donnait l'essor à des richesses long-temps enfouïes. »

Personne ne trouvera trop étendue cette citation du plus grand écrivain politique de ces derniers temps, de ce profond philosophe qui qui a écrit d'avance tout ce que la révolution française (y compris la conspiration des cent-jours) devait produire pendant trente ans. M. *Burke* désavoua, au nom du peuple anglais, cette maxime que le *peuple avait le droit de se donner une nouvelle constitution.* Personne n'osa contredire M. Burke. Lord *Stanhope* et toutes les personnes de marque rayèrent leurs noms de dessus les registres du *club de la révolution.* Un an après (le 6 mai 1791), *M. Fox,* dans un discours au Parlement, ayant publié son adhésion aux principes de la révolution française, M. *Burke* lui répondit et finit par déclarer qu'il

(130)

rompait pour toujours avec son ancien ami. Le gouvernement anglais adopta les principes de M. *Burke*, comme on le voit dans la fameuse déclaration de White-Hall, du mois de novembre 1793, qui a été citée par M. le ministre des affaires étrangères, dans son discours à la Chambre des Députés et dont nous ne rapporterons que quelques paroles : « Cet état de choses ne « peut subsister en France sans impliquer dans « un danger commun toutes les puissances qui « l'avoisinent, sans leur donner le droit, *sans* « *leur imposer le devoir* d'arrêter les progrès « d'un mal qui n'existe que par la violation suc- « cessive de toutes les lois et de toutes les pro- « priétés, et par la subversion des principes fon- « damentaux qui réunissent les hommes par les « liens de la vie sociale. »

Ainsi, les maximes modernes (par une cause que je ne veux pas ici rechercher), ont fait de tels progrès en Angleterre, que les principes de M. *Burke* et de M. *Pitt* sont entièrement abandonnés par leurs successeurs. M. *Burke* ne pourrait plus nous redire ces paroles qu'il nous adressait il y a trente ans, lorsque Louis XVI eut fait faire revivre nos Etats-Généraux. « Si vous « ne vous fiez pas à vous-même (1), si vous ne

______

(1) Une déclaration du Roi de France, de 1788,

« reconnaissez plus assez clairemant la constitu-
« tion presque anéantie de vos ancêtres, vous
« pouvez diriger vos regards sur vos voisins *qui*
« *ont conservé existantes toutes les anciennes*
« *formes et les anciens principes du droit commun*
« *de l'Europe* (1). »

Non, aucun peuple n'ira plus chercher les anciennes traditions de l'Europe, dans cette île
fameuse où elles avaient pu se conserver. Quelle
nation voudrait emprunter des *lois politiques*

invitait toutes les académies, tous les *savans*, à publier
tous les documens qu'ils auraient recueillis sur l'ancienne
forme de nos Etats-généraux.— Quels conseils dirigeaient
alors notre excellent Roi ! ! !

(1) « Tout le mérite des législateurs de l'Angleterre, *De la consti-*
dit M. *Frisell*, a consisté dans un grand attachement à *tution de*
leurs anciens usages et une forte aversion pour toutes *l'Angleterre,*
les innovations qui n'étaient pas absolument nécessai- *avec quelques remarques sur*
res..... Tandis que, dans toutes les autres monarchies *l'ancienne*
de l'Europe, les anciennes institutions ont été souvent *constitution*
modifiées sans raison, ou changées arbitrairement, les *de*
institutions anglaises toujours respectées se sont perfec- *la France...*
tionnées lentement d'elles-mêmes. Voilà la véritable *par*
raison de la supériorité de la constitution de l'Angle- *un Anglais,*
terre sur presque toutes celles des autres pays de l'Eu- *2ᵉ éd., p. 13.*
rope ; et voilà aussi pourquoi il est si difficile de l'imiter. »
— Il faut voir dans l'ouvrage même le développement
de ces profondes et évidentes observations.

à un pays qui déclare qu'il n'a pas de *lois politiques*, puisque ces lois étant de leur nature perpétuelles et inviolables, il adopte pour principe qu'il peut les changer tous les jours, et qu'il peut les changer sans le consentement du Roi, comme l'ont fait *les Cortès* auxquelles le gouvernement anglais accorde son approbation ! Le continent de l'Europe reconnaît dans George IV le successeur de Jacques Ier, de Henri VII, d'Edouard III et de Guillaume-le-Conquérant, ses ancêtres : d'après les nouveaux principes anglais, il n'est plus qu'un roi élu, en vertu de *la souveraineté du peuple*, et l'on sait jusqu'où s'étend cette *souveraineté*.

Ainsi, la fraternité de principes entre l'Europe monarchique et l'Angleterre aurait pris fin avec quelques grands hommes d'Etat qui ne sont plus. Mais l'Espagne pourra profiter des conseils que M. *Burke* donnait à la France, il y a trente ans, en lui rappelant ses anciens *Etats Généraux*. Ce sont les mêmes conseils que lui a donnés M. *de Châteaubriand*. « Assez de libertés reposent dans les lois des anciennes Cortès d'Arragon et de Castille, pour que les Espagnols y trouvent à la fois un remède contre l'anarchie et le despotisme. »

Les doctrines modernes (A) se sont manifestées d'une manière, s'il se peut, plus affligeante, dans le discours de lord *Liverpool*. « A l'époque, dit « ce ministre, où nous soutenions les Espagnols, « ils étaient généralement unis ; aujourd'hui ils « sont divisés : les paysans et les prêtres com- « battent contre les marchands et les citadins, « *l'enthousiasme religieux* lutte avec *l'enthou-* « *siasme de la liberté*. Devons-nous aider une « moitié de la nation espagnole à en chasser « l'autre moitié?... »

Ainsi, tandis que M. *Burke* rappelle « que toutes les nations ont commencé l'établissement d'un nouveau gouvernement, ou la réforme d'un gouvernement ancien, *en donnant une nouvelle force à la religion* », lord *Liverpool* reconnaît une *liberté* qui se déclare ennemie de la *religion;* et dans tout le cours de cette discussion, ce ministre a manifesté ses vœux pour le succès des révolutionnaires espagnols, tandis que ces *réformateurs* assassinent (B) ou déportent les ministres de leur religion, et qu'ils ne dissimulent pas leur projet d'entraîner leur nation dans l'*athéisme* *.

* *V*. ci-dessus, p. 9 et 11.

(A) Les écrivains anglais conviennent de ce changement qui a eu lieu dans les principes du gouvernement d'Angleterre, depuis une époque qui concourt avec la mort de M. Pitt. Le *New-Times*, en rendant compte d'un écrit que je publiai l'année dernière, sous le titre de *considérations sur la marche du parti libéral*, s'exprime ainsi : « Ce député semble penser que « la Chambre des Communes d'Angleterre ne souffrirait « pas qu'un général au service du Roi déclarât, en plein « Parlement, que *l'usurpation et le gouvernement* « *légitime n'étaient que de vains mots, et que le* « *succès justifiait la révolte.* Il est d'opinion que la « Chambre des Communes enverrait un pareil orateur « à la Tour. Quant à nous, nous sommes pleinement « d'avis que cela devrait être ainsi, et nous croyons « que cela aurait eu lieu *il y a vingt ans ;* mais quand « nous voyons quelles insultes envers le Roi, le Parle- « ment et la constitution, on tolère dans les discours « rapportés dans les papiers comme ayant été prononcés « au Parlement, nous sommes induits à douter si l'au- « teur de cet écrit a connaissance du changement pra- « tique (*pratical change*) que ces derniers vingt ans « ont apporté dans la constitution d'Angleterre. »

Remarquons, à ce sujet, que la Chambre des Députés, en expulsant M. *Manuel*, s'est montré animée du même esprit qui dirigeait la Chambre des Communes d'Angleterre avant cette dégénération anti-monarchique, qu'elle a si malheureusement montrée dans la discussion sur la rébellion de l'armée d'Espagne.

Nous ne devrons plus, à l'avenir, citer des *antécédens* du Parlement d'Angleterre, qu'en les prenant dans les cent douze années qui se sont écoulées entre l'avénement de George Ier et la mort de M. Pitt.

(135)

(B) Lord Liverpool aurait-il pu dire que les *Cortès*, en faisant fusiller les évêques de Vic et de Lérida, ont eu un *précédent* dans l'histoire d'Angleterre, attendu que Henri VIII fit décapiter l'évêque de Rochester? Cette comparaison était loin de la pensée de ce ministre; et il serait inutile de répondre que Henri VIII, en faisant un martyr du vénérable J. *Ficher*, le remplaça sur le siége épiscopal de Rochester par un évêque qui, à la vérité, reconnut la *suprématie ecclésiastique* du roi, mais qui du moins continua d'enseigner au peuple les principaux dogmes et la morale de la religion chrétienne.

Les *Cortès* n'ont de *précédens* que dans la *Convention* de 1793. Les *libérales* espagnols ont assassiné des évêques comme leurs frères les *libéraux* français firent périr les plus respectables évêques de France, et notamment ce vénérable évêque de Saint-Pol-de-Léon, que lord Liverpool a pu voir en Angleterre, et auquel M. Pitt avait accordé son respect et son amitié.

SUITE DU CHAPITRE XI.

Sur la discussion qui a eu lieu à la Chambre des Pairs d'Angleterre, le 25 avril, relativement à l'Espagne.

Lord *Ellenborough* a reproché à *Ferdinand VII* d'avoir manqué à sa parole, en ne donnant pas la *constitution* qu'il avait promise en 1814. Ce reproche est d'autant plus grave, qu'il avait été fait au roi d'Espagne, à la vérité en des termes moins durs, par lord *Liverpool*, dans le séance du 14 avril : « *Ferdinand*, avait dit ce ministre, « rejeta la constitution des *Cortès*. Je ne me « plains pas de sa résolution ; mais que n'a-t-il « rempli les promesses contenues dans la décla- « ration qu'il publia dans cette occasion, et qui « annonçait expressément l'intention de donner « à l'Espagne un gouvernement représentatif, et « d'en faire une monarchie limitée ? »

Pour apprécier ces reproches, adressés à la fois par l'*opposition* et par le ministère anglais à Ferdinand VII, il est nécessaire de rappeler la proclamation dans laquelle sont renfermées les promesses de ce monarque. Cette pièce est d'ailleurs de la plus grande importance pour apprécier toutes les époques de la révolution d'Espagne. J'y joindrai quelques notes, à l'usage des lecteurs qui n'ont pas présente à leur esprit l'histoire de cette révolution. Cette proclamation de Ferdinand VII fut signée à Valence le 4 mai 1814, et publiée à Madrid le 15 du même mois.

LE ROI.

« Depuis le moment où la divine Providence, par le moyen de l'abdication volontaire et solennelle de mon auguste père, me plaça sur le trône de mes ancêtres, auquel j'étais appelé suivant les anciennes lois et coutumes de la nation espagnole, établies par ses représentans réunis en cortès; depuis l'heureux jour où j'entrai dans la capitale au milieu des acclamations d'un peuple fidèle, dont les témoignages d'allégresse et d'amour déconcertèrent les ennemis qui étaient venus sous le masque de l'amitié entourer ma personne (1), et firent présager ce que ce peuple héroïque ferait dans la suite pour son roi et son honneur, en donnant un exemple qui a été suivi par toutes les provinces du royaume; depuis ce jour, je pris la ferme résolution, et pour répondre à tant de preuves de fidélité et de loyauté, et pour remplir les devoirs d'un bon roi envers son peuple chéri, de consacrer tout mon temps et tous mes moyens à ré-

_____

(1) Ferdinand VII fit son entrée à Madrid le 24 mars 1808, et *Murat* avait occupé cette ville, dès la veille, avec un corps de troupes françaises.

parer les maux causés par la funeste influence d'un favori, sous le règne précédent. Les premiers actes de
mon administration furent de réintégrer dans leurs fonctions plusieurs magistrats et autres personnes qui avaient
été arbitrairement dépouillés de leurs emplois ; mais le
malheur des circonstances, et la cruelle perfidie de
Buonaparte, des effets de laquelle j'espérais garantir mes
peuples en allant à Bayonne (1), m'empêchèrent d'en
faire davantage. Lorsque toute la famille royale fut
réunie dans cette ville, on commit contre elle et contre
ma personne un attentat si atroce, soit par ses circonstances, soit par ses suites déplorables, que l'histoire des
nations civilisées n'en fournit point d'exemple. On viola
le droit le plus sacré des gens ; je fus privé de ma liberté,

---

(1) Pour apprécier ce voyage de Bayonne, il est nécessaire de
rappeler que toute l'Espagne partageait l'erreur du jeune roi sur les
intentions de Bonaparte.

« L'opinion de l'Espagne, dit D. *Juan Escoiquiz*, était que
« Napoléon voulait engager le roi Charles à accorder sa confiance à
« son fils Ferdinand, et à ôter tout pouvoir au *Prince de la Paix*....
« L'inimitié de l'ambassadeur *Beauharnais* contre le *Prince de la
« Paix*, ses démarches en faveur du prince des Asturies et de toutes
« les personnes impliquées dans l'affaire de l'Escurial, augmentè-
« rent encore cette confiance des Espagnols envers l'empereur des
« Français..... »

Exposé des motifs qui ont engagé Ferdinand VII à se rendre à Bayonne, p. 26.

D'ailleurs Ferdinand ne comptait aller qu'à *Burgos*, à la rencontre
de Napoléon, ensuite à *Vittoria* : là il fut entouré par des troupes
françaises, et il lui eût été impossible de ne pas aller jusqu'à Bayonne.
Le *Prince de la Paix* avait mis toutes les places fortes du nord de
l'Espagne dans les mains de Bonaparte.

Ferdinand partit de Madrid pour ce voyage le 10 avril : ainsi son
premier règne n'a été que de vingt jours. L'abdication de Charles IV
avait eu lieu le 19 mars.

et, par ce crime, du gouvernement de mes royaumes. Je fus transféré avec mes chers frères et mon oncle dans un château qui nous a servi de prison pendant six années. Au milieu de cette affliction, j'ai toujours eu présens à ma pensée l'amour et la fidélité de mes sujets; et ce qui remplissait surtout mon âme de la plus vive douleur, était la vue des maux auquels ils étaient en proie, de toutes parts entourés d'ennemis, presque dépourvus de tous moyens de leur résister, sans roi, sans un gouvernement établi d'avance et qui aurait pu rallier et mettre en mouvement les forces de la nation, les diriger et employer les ressources de l'état à combattre de formidables armées, qui au même moment envahirent la Péninsule dont elles s'étaient déjà ouvert les principales forteresses par perfidie.

« Dans un état de choses si déplorable, entouré, comme je l'étais de gardes et de surveillans, j'expédiai, dans la seule forme qu'il me fut possible d'employer, et comme le seul remède qui restât, le décret du 5 mai 1808; je l'adressai au Conseil de Castille, et, à son défaut, à quelque chancellerie ou tribunal qui fût libre, pour que les Cortès fussent convoquées. Ces cortès devaient uniquement s'occuper des moyens de lever les subsides et les forces nécessaires à la défense du royaume; elles devaient rester en permanence afin de pourvoir aux nouveaux besoins que les circonstances pourraient faire naître. Mais, pour malheur, mon décret royal ne fut pas alors connu; et, quoiqu'il l'ait été plus tard, les provinces, à la nouvelle de l'horrible catastrophe provoquée à Madrid, par le chef des troupes françaises, dans la mémorable journée du 2 mai, pourvurent elles-mêmes à leur gouvernement, au moyen des juntes qu'elles formèrent. A cette époque, fut livrée la glorieuse bataille de Baylen. Les Français fuirent jusqu'à Vittoria. Toutes les provinces et la capitale me proclamèrent de nouveau roi de Castille et de Léon, dans la même forme employée pour la proclamation des rois mes augustes prédécesseurs : fait notoire, constant, attesté par les médailles qui furent dans ce temps frappées de toutes parts, confirmé de nouveau par les éclatans et unanimes témoignages d'amour que j'ai reçus de mes peuples sur tout mon passage à mon retour de France; témoignages qui ont excité toute la sensibilité de mon cœur, et dont le souvenir y restera gravé pour toujours.

« Il se forma un junte centrale composée de députés nommés par les juntes particulières. Cette junte exerça en mon nom le pouvoir souverain, depuis septembre 1808 jusqu'en janvier 1810. A cette époque, fut établi le premier conseil de régence, lequel continua d'exercer le pouvoir souverain jusqu'au 24 septembre de la même année. Alors furent installées dans l'île de Léon les Cortès appelées générales et extraordinaires. Ces Cortès, composées de cent quatre membres, savoir : cinquante-sept députés et quarante-sept suppléans, prêtèrent serment, par lequel ils jurèrent de me conserver tous mes états comme à leur souverain. Cet acte est certifié par le secrétaire-d'état des dépêches, des grâces et de justice, don Nicolas-Maria de Sierra. Mais ni la noblesse, ni le clergé ne furent appelés, malgré l'ordre formel de la

Junte centrale (1), à cette assemblée des Cortès *extraordinaires*, et qui (conformément aux anciens usages, selon lesquels on appelait des Cortès extraordinaires dans les cas les plus difficiles et dans les temps orageux de minorité) auraient dû être composées d'un plus grand nombre de députés que dans les Cortès *ordinaires*. On eut soin de cacher au Conseil de régence le décret de la Junte centrale (2), qui conférait à ce conseil la présidence des Cortès, prérogative de la souveraineté que la régence n'aurait point laissée à la volonté du Congrès, si elle eût eu connaissance du décret. Ainsi tout fut livré à la merci des Cortès, dont le premier acte fut de me dépouiller, le jour même de leur installation, de la souveraineté qui, peu d'heures auparavant, avait été reconnue par ces mêmes députés inhérente à ma personne royale. Ils attribuèrent nominativement cette souveraineté à la nation ; mais ce ne fut qu'un prétexte pour se l'approprier eux-mêmes. A la faveur de cette usurpation, ils donnèrent à l'Espagne les lois les plus arbitraires, lui imposèrent l'obligation de recevoir une nouvelle constitution, qui, sans pouvoir ni de provinces, ni des peuples, ni des juntes, et sans que les députés

(1) On a vu plus haut, que dans ces *Cortès* il n'y avait que deux membres qui ne fussent pas *nobles* ; mais c'était de ces *nobles* de la race des jeunes patriciens complices de Catilina qui ne cherchaient que leur fortune particulière dans le bouleversement de leur patrie.

(2) Cette soustraction du décret de la Junte centrale est le premier acte de la conspiration qui créa les *Cortès de Cadix*. J'ai parlé de cette junte centrale plus haut.

de la plupart des provinces de l'Espagne et des *Indes* en eussent connaissance, fut décrétée, sanctionnée et publiée par eux en 1812.

« Ce premier attentat contre les prérogatives du trône, commis par un abus coupable du nom de la nation, fut comme le prélude et la source de ceux qui le suivirent, et malgré l'opposition de plusieurs députés, et *quelquefois du plus grand nombre,* les menaces et la violence de ceux qui assistaient aux tribunes des Cortès (1), firent adopter des lois qui furent appelées fondamentales; et, ce qui n'était véritablement que l'œuvre d'une faction, fut proclamé comme le vœu de la nation ; ce n'était pourtant que la volonté de quelques séditieux, qui, à Cadix et ensuite à Madrid, comprimèrent par la terreur les bons citoyens. Ces faits sont si notoires, qu'il n'y a presque personne qui les ignore, et que les journaux mêmes des Cortès peuvent les attester (2).

« Cette forme de législation si étrangère à la nation espagnole fit oublier les lois qui l'avaient rendue en d'autre temps si heureuse et si respectée. En effet, toutes les bases de l'ancienne constitution monarchique furent renversées, et on copia les principes révolutionnaires et démocratiques de la constitution française de 1791. En

---

(1) On peut juger par ce trait à quel point les actes des Cortès étaient contraires aux vœux de l'Espagne. Les membres avaient été choisis par les conjurés, et cependant il fallut employer contre eux les violences des *tribunes,* à l'imitation de l'*Assemblée constituante* de France et de la *Convention.*

(2) Nous avons déjà rappelé qu'un des journaux de ces Cortès s'était intitulé *le Robespierre espagnol.*

renonçant à ceux de la constitution qui avait été commencée à Cadix, on sanctionne non les lois fondamentales d'une monarchie modérée, mais celles d'un gouvernement populaire, présidé par un chef ou magistrat
qui n'est qu'*un commis* et non un roi : on lui donne, il
est vrai le nom de roi, mais ce n'est que pour séduire
et tromper les hommes imprévoyans et sans défiance.
C'est la force seule qui a fait prêter serment à cette constitution : on sait ce qui est arrivé au respectable évêque
d'Orense, et l'on connaît les menaces faites à ceux qui
ont refusé le serment.

« Pour disposer les esprits à recevoir sans défiance
des innovations si dangereuses, spécialement celles qui
sont relatives à ma personne royale et aux prérogatives
du trône, on se sert des papiers publics auxquels plusieurs députés travaillent eux-mêmss; on s'efforce de
rendre odieux le pouvoir royal, en donnant à tous les
droits du trône le nom de despotisme; en regardant
comme synonymes les noms de roi et de despote, et en
appelant tyrans les rois. On poursuit en même temps de
la manière la plus cruelle ceux qui ont le courage de
combattre ces nouveautés, et de s'opposer à ce langage
anarchique et séditieux (1). Partout on affecte le *démo-
cratisme*; on change tout ce qui rappelle le nom de roi;
les armées, les institutions qui depuis si long-temps s'ho-
noraient du titre de royales, sont appelées nationales; et

______

(1) Lord *Liverpool* doit voir par là que ce n'est pas le défaut de
convocation des cortès depuis 1814, mais les principes anarchiques
qui existaient avant le retour du roi, qui ont produit la rébellion
de 1820.

c'est ainsi qu'on trompe le peuple qui, malgré tant de menées perfides, a conservé la loyauté naturelle et la noblesse de son caractère.

« J'ai eu connaissance de tous ces faits depuis mon heureuse entrée dans le royaume, soit par mes propres observations, soit par les papiers publics, dans lesquels on a impudemment inséré jusqu'à ce jour des articles si grossiers et si infâmes sur mon arrivée (1) et sur mon caractère, qu'à l'égard même de toute autre personne que moi, ils seraient de graves offenses, dignes du châtiment le plus sévère. Des insultes aussi inattendues ont rempli mon cœur d'amertume ; je n'ai pu être consolé que par les témoignages d'amour de mes fidèles sujets qui soupiraient après mon arrivée, dans l'espoir que ma présence mettrait fin aux maux et à l'oppression sous lesquels gémissaient ceux qui conservaient le souvenir de ma personne, et désiraient le vrai bonheur de la patrie. Je vous promets et je jure à vous, vrais et loyaux Espagnols, qu'en même temps que je compatis aux maux que vous avez soufferts, vous ne serez point trompés dans vos espérances. Votre souverain veut l'être pour vous ; il fait consister sa gloire à être souverain d'une nation héroïque, qui, par des exploits immortels, a conquis l'admiration de toutes les autres, et a conservé sa liberté et son honneur. Je déteste, j'abhorre le despotisme : il ne peut se concilier ni avec les lumières ni avec

____

(1) Où était alors le prétexte de ces injures? Le roi n'avait encore exercé aucun acte de l'autorité royale ; il n'avait fait que recueillir les bénédictions de toutes les villes où il avait passé.

la civilisation des nations de l'Europe (1). Les rois ne
furent jamais despotes en Espagne; ni les lois ni la constitution de ce royaume n'ont jamais autorisé le despotisme, quoique par malheur on y ait vu quelquefois,
comme partout, des abus de pouvoir qu'aucune constitution humaine ne pourra jamais empêcher entièrement,
parce qu'il y a des abus dans tout ce qui est humain, et
s'il y en a eu en Espagne, ce n'est pas la faute de sa
constitution; c'est celle des personnes et des circonstances.

« Cependant, pour prévenir ces abus, autant que
peut le faire la prudence humaine, en conservant
l'honneur de la royauté et ses droits (car elle en a qui
lui appartiennent, comme aussi le peuple a les siens
qui sont également inviolables), je traiterai avec les
députés de l'Espagne et des *Indes;* et dans des Cortès
légitimement assemblées, composées des *uns et des autres,* aussitôt que *j'aurai pu les réunir après avoir
rétabli l'ordre et les sages coutumes de la nation,*
établies de son consentement par les rois, nos augustes
prédécesseurs. On réglera solidement et légitimement tout
ce qui pourra convenir au bien de mes royaumes, afin
que mes sujets vivent heureux et tranquilles sous la
protection réunie d'une seule religion et d'un seul
souverain, seules bases du bonheur d'un roi et d'un

______

(1) J'ai lu dans les journaux anglais, en 1814 et 1815, que
Ferdinand avait condamné à mort tel *libéral*, dans telle ville ou
dans telle autre, comme aurait pu le faire le grand turc; cependant
il est notoire qu'il n'y a pas eu une seule condamnation sous son
règne que par les tribunaux ordinaires et réguliers.

10

royaume qui ont, par excellence, le titre de *catholiques*.
On s'occupera ensuite des *meilleures mesures* à prendre
pour la réunion des Cortès, qui, j'espère, affermiront
les fondemens de la prospérité de mes sujets de *l'un et
l'autre hémisphère.*

« La liberté, la sûreté individuelle seront garanties par des lois qui, en assurant l'ordre et la tranquillité publique, laisseront à tous mes sujets la
jouissance d'une sage liberté qui distingue un gouvernement modéré d'un gouvernement despotique. Tous
auront la faculté de communiquer, par la voie de la
presse, leurs idées et leurs pensées, en se renfermant
dans les bornes que la saine raison prescrit à tous, afin
que cette liberté ne dégénère pas en licence ; car on ne
doit pas raisonnablement souffrir dans tout gouvernement civilisé que l'on manque au respect dû à la religion
et au gouvernement, ainsi qu'aux égards que les hommes
se doivent entre eux.

« Pour éviter tout soupçon de dissipation dans les
revenus de l'Etat, la trésorerie séparera les fonds desti-
nés à ma personne et à ma famille, de ceux qui seront
assignés pour les dépenses de l'administration générale (1).

« Les bases que je viens de poser suffisent pour faire
connaître mes royales intentions dans le gouvernement

---

(1) C'est ce que Ferdinand exécuta dès le premier moment de son
règne. Les Cortès ont rendu public, en 1822, le compte des dépenses depuis 1814 : il en résulte qu'il n'est entré annuellement dans
la caisse de la maison du roi et des princes que trente-trois millions
de *reales* (huit millions deux cent cinquante mille francs.)

dont je vais me charger. Certes, ce ne sont pas les intentions d'un despote, ni d'un tyran, mais d'un roi et d'un père de ses sujets.

« D'après ces considérations, et de l'avis unanime de personnes recommandables par leurs connaissances et par leur zèle ; ayant égard aux représentations qui me sont parvenues des différentes parties du royaume *sur l'extrême répugnance des Espagnols* à accepter la constitution décrétée par les Cortès générales et extraordinaires, ainsi que les autres institutions politiques nouvellement introduites ; voulant éviter les malheurs que ces institutions ont déjà produits, et qui ne pourraient qu'augmenter si je sanctionnais par mon serment cette constitution, me conformant aux démonstrations générales, et que je trouve justes et bien fondées, de la volonté de mes peuples, je déclare que mon intention royale est non-seulement de ne point jurer ou accepter cette constitution, ni aucun décret des Cortès *générales et extraordinaires, et des ordinaires* (1) actuel-

______

(1) Dans ces Cortès de 1814 il y avait un grand nombre de royalistes, qui avaient été nommés par leurs provinces à la presque unanimité. Par exemple à Cordoue, le libéral *Moreno de Guerra*, dont il a été parlé plus haut, entra en concurrence avec D. Antonio Gomes *Calderon*, procureur-général du conseil des Indes, actuellement membre de la junte provisoire du gouvernement. D. Antonio *Calderon* eut 26 suffrages sur 28 : telle était l'opinion de l'Espagne là où elle pouvait s'exprimer librement. Mais à Madrid, les conjurés peuplèrent de brigands les tribunes, comme ils l'avaient fait à Cadix ; et les députés royalistes couraient, tous les jours, risque de la vie. Dans les circonstances majeures, la majorité factice faisait elle-même justice des *serviles*. Lorsque le roi fut arrivé à Saragosse au

lement assemblées, et expressément les décrets qui attaquent les droits et prérogatives de ma souveraineté
établis par la constitution et les lois qui ont gouverné
la nation pendant si long-temps, mais de déclarer cette
constitution et ces effets nuls, et de nul effet pour le
présent et pour l'avenir; que mes sujets, de quelque
rang et condition qu'ils soient, ne sont point tenus de
les exécuter; et que tous ceux qui chercheraient à les
soutenir en contredisant mes royales intentions à cet
égard, soient regardés comme ayant attenté aux prérogatives de ma souveraineté et au bonheur de la nation.

« Je déclare coupable de lèse-majesté, et comme tel
punissable de la peine de mort, quiconque osera, soit
par le fait, soit par écrit, soit par paroles, exciter ou
engager qui que ce soit à l'observation ou exécution
desdits décrets et constitution.

« Jusqu'à ce que l'ordre et ce qui existait avant l'introduction des nouveautés dans le royaume soit rétabli,
et afin que l'administration de la justice ne soit point
interrompue, ma volonté est que les tribunaux et les
administrations continuent leurs fonctions jusqu'à l'é-

---

milieu des acclamations de cette ville *héroïquement* fidèle, le colonel *Tenereiro*, créé comte de *Vigo*, parce qu'il avait chassé les
soldats de *Joseph* de la ville de *Vigo*, proposa de soumettre la
constitution à l'examen et à la sanction du roi, au lieu de la lui
imposer. Ce député *servile* fut expulsé de la salle et condamné à la
prison. — Les royalistes espagnols ne sortirent pas de la salle des
séances avec le comte de *Vigo*; mais à l'arrivée du roi à Valence,
ils présentèrent à S. M. les fameuses *représentations* où fut manifesté solennellement le vœu de la nation, et qui furent comme le
préliminaire de la proclamation que nous rapportons ici.

poque où , après avoir avoir entendu les Cortès que je convoquerai , le gouvernement du royaume soit établi d'une manière stable.

« Le jour où ce décret sera publié et communiqué au président des Cortès maintenant assemblées , ses sessions seront terminées ; ses actes et délibérations qui se trouveront dans ses archives , seront recueillis par la personne chargée de l'exécution de ce royal décret ; ils seront déposés sous le scellé , à l'Hôtel-de-Ville de Madrid. Les livres composant la bibliothèque des Cortès seront transportés à la bibliothèque royale. Je déclare quiconque voudra s'opposer à ce décret , de quelque manière qu'il le fasse , coupable de lèse-majesté , et , comme tel , punissable de mort. Tout procès intenté devant un des tribunaux du royaume , et qui serait la suite d'une infraction à la constitution , cessera à dater de ce jour. Tous les *détenus* pour la même cause seront immédiatement mis en liberté. Telle est ma volonté conforme au bien et au bonheur de la nation.

« Donné à Valence , le 4 mai 1814. »

MOI LE ROI.

PIERRE DE MACANAS, *secrétaire du roi.*

Si lord *Liverpool* et après lui lord *Ellenborough* avaient eu présentes à leur mémoire les expressions de cet édit, ils n'auraient pas reproché à Ferdinand VII d'avoir promis de *donner* à l'Espagne un *gouvernement représentatif,* et de n'avoir pas tenu sa parole. On voit que ce monarque, loin d'avoir promis de *donner* une *constitution*, annonça au contraire qu'il convoquerait les Cortès dans les formes consacrées par les anciens usages; qu'il reprocha aux *Cortès de Cadix* de n'avoir pas appelé les représentans des premiers ordres de l'état; et qu'ainsi il ne promit pas de *donner* une nouvelle constitution, mais de *conserver* l'ancienne : et si l'on demandait la raison pour laquelle Ferdinand avait laissé passer six années sans convoquer les anciennes Cortès, il serait aisé de répondre, d'après les termes de l'édit du 4 mai, qu'il voulait y appeler les députés de toute la monarchie, et qu'il attendait le moment où ses colonies d'Amérique rentreraient sous l'obéissance du gouvernement de la métropole, dont elles ne s'étaient séparées qu'à cause de l'usurpation du *roi Joseph* et de la tyrannie des *Cortès de Cadix*.

Après six années de guerre contre Bonaparte, qui avaient causé un bouleversement total en Espagne, après les révoltes ou les troubles de toute l'Amérique espagnole, il est évident qu'on ne pouvait espérer de rétablir l'union et la prospérité dans ces immenses états, qu'en appelant des députés de toutes les provinces des deux hémisphères. En conséquence, le roi pressait les armemens qui devaient réprimer les *libéraux* d'Amérique, et faire triompher les sujets fidèles dans ces possessions éloignées ; tandis que le conseil de Castille s'occupait du travail annoncé dans la proclamation de S. M., pour la convocation des Cortès, que l'on espérait de voir réunis à la fin de 1820 (1).

---

(1) Un écrivain libéral insiste sur la difficulté de cette convocation. « Que fera-t-on, demande-t-il, quand « l'armée française occupera Madrid ? On convoquera, *Constitution-* *nel du 11 mai.* « dit-on, les anciennes Cortès espagnoles. De quelles « Cortès veut-on parler ici ?.... Ne sait-on pas qu'il n'y « avait point en Espagne d'assemblée centrale des « Cortès générales dont les pouvoirs s'étendissent sur « la totalité de la Péninsule ?.... A quelles Cortès don- « nera-t-on la préférence ? Appellera-t-on celles de « Castille, celles d'Andalousie ou celles d'Aragon... ?» Ces observations prouveraient que le *Conseil de Castille*, à l'exemple de la Junte de Séville de 1820, avait fait sagement de chercher la manière la plus convenable au temps, pour concilier ces différentes constitutions, qui étaient du reste semblables pour le fond, puisque dans toutes les parties de l'Espagne les Cortès délibéraient par *ordres* : la principale différence était qu'en Aragon la noblesse était divisée en deux ordres, les *grands* et les *chevaliers*, comme autrefois, en Angleterre, avant que les *chevaliers* passassent à la chambre des communes. Mais ces légères distinctions, qui ne sont plus fondées sur des intérêts différens, sont aisées à concilier.

Du reste, les Cortès générales ne sont pas tombées

La nécessité de ce retard était sentie de tous les fidèles Espagnols; et ce qui ne laisse aucun doute à ce sujet, c'est qu'aucune province, aucune ville, aucune des corporations qui, en Espagne, ont le droit d'adresser des représentations au souverain, ne supplièrent S. M. de hâter cette

---

en désuétude, comme l'avaient fait les Etats-Généraux de France : elles ont été constamment assemblées à l'avénement de chaque roi, pour prêter serment au nouveau souverain et recevoir le sien. Leur réunion a duré trois mois en 1789, la première année du règne de Charles IV; elles furent composées d'environ cent députés; la Galice, les trois provinces basques et la Navarre tinrent leurs états particuliers et prêtèrent serment à Charles IV par leurs députés.

Tableau de l'Espagne, 4e édition, t. I, p. 177.

« A ces époques, dit M. *Bourgoing*, on envoie des « lettres de convocation à tous les *grands*, à tous les « *titolos* de Castille, à tous les prélats, et à toutes les « villes qui ont droit de siéger aux Cortès. De ces quatre « classes, les deux premières représentent la noblesse; « les prélats tout le clergé, et les villes qui députent un « de leurs échevins représentent le tiers-état. »

C'est dans cette forme que le Conseil de Castille, (ou à son défaut, toute cour ou *audience* royale), en exécution de l'ordonnance du roi qui a été rendue le dernier jour de la liberté de S. M., devra convoquer les Cortès : aucune modification ne pouvant avoir lieu que lorsque le roi se trouvera libre dans son conseil et au milieu de ses fidèles sujets.

convocation. Bien loin que les libéraux la récla-
massent, toutes leurs conspirations, celle de *Mina*,
de *Porlier*, de *Lascy*, de *Vidal*, eurent pour
objet de forcer le roi à se mettre sous le joug de la
constitution de Cadix ; et enfin, lorsque le 6 mars
1820 le roi, dans l'espoir d'arrêter la conspiration
militaire, convoqua les anciennes et légitimes
Cortès, (1) les révolutionnaires n'en firent pas

(1) *Extrait de la Gazette extraordinaire de Madrid,
du 7 mars 1820.*

(Article officiel.)

Son Exc. le marquis de Mataflorida, secrétaire-d'état
et ministre de la justice, a communiqué à S. Exc. le
duc d'Infantado, président du conseil suprême de Castille, le décret royal qui suit :

« Excellence, le Roi notre seigneur a daigné me
communiquer, en date du 6, le décret suivant :

« Mon conseil royal et d'état m'ayant fait connaître
combien la convocation des Cortès serait convenable au
bien de la monarchie ; en me conformant à son avis,
parce qu'il est d'accord avec les lois fondamentales que
j'ai jurées, je veux qu'immédiatement les Cortès soient
convoquées ; à cette fin, le conseil prendra les mesures
les plus convenables pour que mon désir soit rempli, et
que les représentans légitimes du peuple soient enten-
dus et revêtus, conformément aux lois, des pouvoirs
nécessaires. De cette manière, on conciliera tout ce que

moins éclater leur révolte, qui eut pour objet d'ôter la liberté au roi, et de s'emparer de tous les pouvoirs.

----

le bien général exige ; ils doivent être convaincus qu'ils me trouveront prêt à tout ce que l'intérêt de l'état et le bonheur de mon peuple, qui m'a donné tant de preuves de sa loyauté, pourront exiger. Dans ce but, le conseil me soumettra tous les doutes qui pourront se présenter. Afin qu'il n'y ait pas la moindre difficulté ni le moindre retard, je vous communique le présent ordre, pour que vous vous mettiez en mesure de l'exécuter.

« Je vous le fais savoir d'ordre exprès de Sa Majesté, pour que le conseil s'y conforme, et que sans le moindre retard, il dispose de ce qui conviendra pour réaliser les bienfaisantes intentions de Sa Majesté.

« Dieu vous garde longues années.

« Du palais, le 6 mars 1820. »

Cette proclamation est le dernier acte de la volonté du roi avant la perte de sa liberté. L'invasion du palais eut lieu dans la nuit du 7 au 8 mars, et l'on vit paraître la pièce suivante dans la *Gazette extraordinaire de Madrid*, du 8 mars. (Article officiel.)

Le roi, notre seigneur, a daigné adresser à ses secrétaires de tous les départemens le décret royal suivant :

« Pour éviter les délais qui pourraient avoir lieu par suite des incertitudes qu'éprouverait au conseil l'exécution de mon décret d'hier, portant convocation immédiate des Cortès, *et la volonté du peuple s'étant gé-*

Voilà cependant la cause pour laquelle, en Angleterre, le *ministère* et *l'opposition* s'accordent à faire des vœux. Ainsi, si les *radicaux* d'Angleterre, si les *pétitionnaires* du comté de de Lancastre qui, le mois de janvier dernier, ont demandé une constitution semblable à celle des Cortès de Cadix, venaient à triompher par la force, qu'ils fissent le roi prisonnier, qu'ils détruisissent la Chambre des Pairs, qu'ils supprimassent les élections des *chevaliers* des comtés, les ministres, les pairs anglais se seraient jugés eux-mêmes ; ils devraient reconnaître que cette insurrection était légitime, et que c'étaient eux qui étaient des révoltés contre la *souveraineté du peuple ;* le gouvernement anglais lui-même aurait *officiellement* prononcé sa sentence : que lit-on dans les pièces *officielles* qu'il a communiquées au parlement ?

---

néralement prononcée, je me suis décidé à jurer la constitution promulguée par les Cortès générales extraordinaires, en l'an 1812.

« Je vous le fais savoir, et vous vous hâterez de publier les présentes, paraphées de ma royale main.

« Au palais, le 7 mars 1820. »

On voit, actuellement que l'Espagne peut exprimer librement ses sentimens, ce que c'était que cette *volonté générale du peuple* dont voulurent se couvrir les conspirateurs.

« N° 32. Lettre de sir W. A'Court à M. Can-
« ning du 16 février, qui annonce qu'il insiste
« toujours sur *l'amnistie.* »

Sir W. A'Court est envoyé d'Angleterre auprès
de S. M. le roi d'Espagne; on aurait cru, dans
tous les temps, que c'était le roi d'Espagne qu'il
suppliait d'accorder une *amnistie* aux sujets rebelles, qui avaient porté la main sur sa personne
sacrée. On se souvient qu'en 1660 ce ne furent
pas les complices de Cromwel qui accordèrent
l'amnistie à la famille royale et aux anglais fidèles
à l'ancienne constitution de l'état, mais que ce
fut Charles II qui accorda *l'amnistie* aux ci-de-
vant républicains, en exceptant toutefois les ré-
gicides et tous les membres des *hautes cours
de justice*, qui avaient fait périr des royalistes.
On se rappelle que « les *deux chambres*, recon-
« naissant le crime de *révolte* en *leur propre*
« *nom*, acceptèrent le *gracieux pardon* de S. M. »
— Mais tout est changé depuis cette époque. Lisez
les pièces suivantes :

*Hume,
année 1660.*

« N° 34, lettre de M. W. A'Court à M. Canning
« du 17 février, qui annonce que la question de
« l'amnistie a été renvoyée à un *comité.* — Si elle
« est adoptée, dit-il, ce sera un grand point de
« gagné. »

« N° 35, lettre de sir W. *A'Court* à M. Can-

« ning du 18 février, qui annonce qu'il a été griè-
« vement *désappointé*, dans l'espoir qu'il avait
« eu d'une amnistie ; que celle qui a été votée
« n'est qu'un acte de pardon pour les *factieux* qui
« mettront bas les armes avant le 1er avril. »

Ainsi ce n'est pas au roi d'Espagne que le gouvernement d'Angleterre a demandé une amnistie
pour les rebelles, c'est à un *comité* des Cortès
qu'il a demandé l'amnistie des royalistes, et même
du frère du roi, condamné au *Présidio* par le tribunal de *Chinchon*, et sur lequel la Cour d'appel
n'a pas encore prononcé : et comme il est juste, la
révolution qui *ne recule jamais,* surtout lorsqu'on
se met à ses genoux, a *désappointé* de ses espérances et du fruit de ses *obséquieuses* supplications
le ministre de la grande puissance, qui veut bien
faire des vœux publics pour le succès des Cortès.

L'Angleterre a donc renoncé à la puissance
morale du gouvernement, et elle se borne à sa
force physique ; elle compte sur l'union intime des
intérêts de la couronne, des pairs, de la Chambre
des communes, des chefs de l'armée, des grands
propriétaires, et sur la réunion de toutes les fonctions publiques dans les mains des amis du gouvernement, et il espère ainsi résister aux *radicaux* pendant des siècles. Mais les autres états
de l'Europe savent désormais à quoi s'en tenir

sur la politique extérieure de l'Angleterre. Si elle avait pacifié Naples en 1821, c'est *Pépé* qu'elle aurait supplié, comme cette année elle a supplié *San-Miguel*, d'accorder une amnistie aux sujets fidèles du roi, aux bons citoyens dévoués à *l'église et à l'état* (1) : et sans doute *Pépé*, comme l'a fait *San-Miguel*, se serait refusé à ces supplications. Si *Nantil* avait eu, le 19 août 1820, le même succès dans sa conspiration contre le château des Tuileries que *Ballesteros* contre le château de Madrid, le 7 mars de la même année; si *Caron* à Béfort et *Berton* à Saumur avaient réussi à établir le règne du *comité directeur*, et que l'Angleterre fût venue *pacifier* la France, c'est *Nantil*, *Caron*, *Berton* que son ministère aurait suppliés d'accorder une amnistie à ceux de nos princes qu'ils n'auraient pas assassinés, et aux Français fidèles qui auraient combattu pour leur roi et pour le maintien *de l'église et de l'état*.

Et si l'Angleterre a des liens particuliers avec une nation, et que le roi de cette nation soit fait prisonnier par une poignée de conspirateurs, que la reine son épouse lui soit arrachée et confinée dans une prison, que son fils soit forcé de se séparer de lui, que les villes fidèles soient brûlées et les ministres de la religion déportés; on sait

______

(1) Expressions que dans les discussions politiques les Anglais ne séparent jamais.

que l'Angleterre se fera un devoir de protéger le règne des assassins, et que par *elle seule* la famille royale et le peuple resteront sous la plus horrible oppression. Car telle est sa conduite à l'égard du Portugal (1).

En voyant, dans une nation des plus éclairées du monde, une telle absence de toute morale et une variation si complète dans sa politique, dans l'espace de trente années, on sent que ce n'est que dans les orateurs sacrés qu'on doit en chercher l'explication.

« Quand on considère de près, dit Bossuet, « l'histoire de ce grand royaume, et particuliè- « rement les derniers règnes, où l'on voit non- « seulement les rois majeurs, mais encore les « pupilles et les reines mêmes si absolues et si « redoutées ; quand on regarde la facilité in-

Oraison
funèbre de
la reine
d'Angleterre,
veuve
de Charles Ier.

____

(1) Je demande si les souverains de l'Europe ne pourraient pas inviter l'Angleterre à vouloir bien ne pas autoriser la continuation de ces insultes aux têtes couronnées, dans les personnes de la famille royale de Portugal, et à donner *ordre* aux Cortès de rendre la liberté au roi et à la reine ; de ne pas forcer à un exil dans le Nouveau Monde l'archiduchesse d'Autriche, princesse du Brésil ; à ne plus brûler les villes fidèles ; et à ne plus tenir dans l'exil le patriarche de Lisbonne et les autres ministres de la religion dont le peuple portugais est privé.

« croyable avec laquelle la religion a été ou
« renversée ou rétablie par Henri, par Edouard,
« par Marie, par Elisabeth, on ne trouve ni la
« nation si rebelle, ni les parlemens si fiers et si
« factieux ; au contraire on est obligé de repro-
« cher à ces peuples d'avoir été trop soumis,
« puisqu'ils ont mis sous le joug leur foi même
« et leur conscience. Qu'est-ce donc qui les a
« poussés ? Quelle force, quel transport, quelle
« intempérie a causé ces agitations et ces vio-
« lences ? N'en doutons pas, chrétiens, les fausses
« religions, le libertinage d'esprit, la fureur de
« disputer des choses divines sans fin, sans règle,
« sans soumission, a emporté les courages... Ces
« terres trop remuées et devenues incapables de
« consistance, sont tombées de toutes parts, et
« n'ont fait voir que d'effroyables précipices.... »

Bossuet n'avait en vue que la violence des
dissensions entre les sectaires d'Angleterre, principale cause de la mort de Charles I⁰ʳ. Si à toutes
ces disputes avait succédé une indifférence totale
en matière de religion ; le mépris public de toute
morale, qui s'est manifesté dans les discussions
du parlement sur la révolution d'Espagne, ne
trouverait-il pas une suffisante explication ?

Le duc de *Buckingham* a défendu les principes de M. *Burke* et ceux de M. *Pitt :* il a été
l'organe de la vieille Angleterre contre les révo-

lutions *philosophiques* de ces derniers temps ; et il s'est acquis des droits à la reconnaissance de l'Europe et surtout de l'Espagne. Mais une phrase de son discours inspire des réflexions bien affligeantes : « Je déclare, dit-il, en *dépit de toutes* « *les calomnies auxquelles je sais que cette dé-* « *claration m'expose*, que je prierai Dieu pour « que jamais la Grande-Bretagne ne soit entraînée « à prendre les armes pour soutenir les principes « qui dominent aujourd'hui en Espagne..... » Ainsi un pair d'Angleterre fait un acte de courage en professant les principes de tous les grands hommes qui ont illustré et fait prospérer sa nation ! Combien elle doit être profonde et étendue la plaie que les doctrines modernes ont faite à l'opinion de ce pays !

S. A. R. le duc de *Sussex*, second frère du roi, a pris la parole après le duc de *Buckingham*, et il a dit qu'*il ne saurait partager les opinions que le noble duc venait d'émettre, et qu'il était d'un avis tout-à-fait contraire.*

CHAPITRE XII.

Que la religion chrétienne peut seule conserver la société européenne.

« AUGUSTE, dit un historien, étant entré dans une maison que Caton avait habitée, Strabon, pour faire sa cour au prince, entreprit de blâmer le caractère inflexible de Caton. Auguste l'arrêta, en lui disant : *Sachez que celui qui s'oppose au changement du gouvernement actuel de l'état, est un bon citoyen et un honnête homme* (1). »

Si cette maxime avait été la règle de conduite de tous les Romains, ils n'auraient pas cessé d'obéir au sénat, aux consuls, et aux magistrats du peuple : ils n'auraient jamais vu les séditions des *Gracques*, les proscriptions de *Marius* et de *Sylla*, d'*Antoine* et d'*Octave*. Malheureusement pour ce grand peuple, ces belles paroles n'étaient dans la bouche d'*Auguste* qu'une spéculation

---

Macrob. Saturn. lib. 2, c. 4.

(1) *Quisquis præsentem statum civitatis immutari non volet, et civis et vir bonus est.*

philosophique, d'ailleurs conforme à son intérêt du moment, ou une règle de morale humaine à laquelle une autorité supérieure aux hommes n'avait pas donné de sanction. Mais vers le même temps où l'héritier du vainqueur de *Pompée* et de *Caton* se rendait ainsi l'organe de l'ancienne philosophie, une nouvelle lumière apparaissait au monde, et venait prescrire, au nom du ciel, cette *obéissance au gouvernement établi*, que les sages de l'antiquité et les *oracles* dont ils avaient emprunté l'appui, avaient vainement demandée à tous les anciens peuples. Sous l'empire du petit-fils d'Auguste, l'apôtre saint Paul fit entendre aux Romains ce divin précepte *que tout le monde se soumette aux puissances supérieures, car il n'y a pas de puissance qui ne vienne de Dieu... Il est donc nécessaire de vous y soumettre, non-seulement par la crainte* (de cette puissance temporelle)*, mais aussi par devoir de conscience* (1).

Les chrétiens obéirent fidèlement à cette loi divine. Sous les empereurs païens, « durant trois « cents ans, on les a vus (pour nous servir des « expressions de Bossuet) également tranquilles

5e Avertisse-
ment aux
Protestans.

---

(1) *Omnis anima potestatibus sublimioribus subdita sit : non est enim potestas nisi à Deo... Ideo necessitate subditi estote, non solum propter iram, sed enim propter conscientiam.*

Ep. C. Pauli
ad Romanos,
XIII, 1, 5.

« en quelque état que l'empire se soit trouvé.
« Non-seulement ils n'y ont formé aucun parti,
« mais on ne les a jamais trouvés dans aucun de
« ceux qui se formaient tous les jours. *Non-seule-*
« *ment*, dit Tertullien, *il ne s'est pas trouvé*
« *parmi nous de Niger, ni d'Albin, ni de Cas-*
« *sius, mais il ne s'y est point trouvé de nigriens,*
« *ni d'albiniens, ni de cassiens* (1). Les usurpa-
« teurs de l'empire ne trouvaient point de par-
« tisans parmi les chrétiens, et ils servaient tou-
« jours fidèlement ceux que Rome et le sénat
« avaient reconnus. »

Apologétique
ch. 35.

Il est important de remarquer que, tant que
le paganisme fut la religion dominante des
Romains, ils ne reconnurent pour empereurs que
des hommes en âge de gouverner par la force et
d'être les chefs de l'armée. L'empereur *Tibère*
avait institué ses héritiers le jeune *Tibère*, son
petit-fils, et son petit-neveu *Caligula*. Le sénat
décida d'une voix unanime que l'empereur n'a-
vait pu désigner pour un de ses successeurs un

---

(1) Tertullien écrivait son *Apologétique de la reli-*
gion chrétienne sous *Septime-Sévère. Niger, Albin*
et *Cassius* avaient été proclamés empereurs par des armées romaines : mais *Septime-Sévère* avait été seul
reconnu par le sénat; et cette élection faisait la *légi-*
timité.

enfant auquel son âge ne permettait pas d'entrer au sénat; il proclama *Caligula*, et *Caligula* fit périr le jeune *Tibère*. Le vieil empereur avait prévu cette fin tragique de son petit-fils, sans espoir de trouver dans la religion ou dans les lois de Rome, si souvent violées, aucun moyen de l'empêcher. « Tu le tueras, avait-il dit à *Cali-* « *gula*, et un autre te tuera. » (1) Tel fut le sort de toutes les familles des empereurs païens. Dans l'intervalle de trois siècles qui s'écoulèrent depuis *Auguste* jusqu'à *Constantin*, il n'y eut pas un seul exemple qu'un prince enfant ou adolescent ne fût tué après son père; et, dans l'espace de cent quinze années (de la mort de *Marc-Aurèle* à l'avènement de *Dioclétien*), l'on vit se succéder trente-huit empereurs (2), dont deux seulement

----

(1) *Occides hunc tu, et te alius.*   *Tacit. Hist.,*
                                       l. 6 c. 46.

(2) C'est précisément le nombre des rois de France de la troisième race, dans l'espace de plus de huit siècles, toujours de père en fils, dans l'ordre de primogéniture. Si l'on veut comparer cette succession si régulière et si longue de rois chrétiens avec une succession héréditaire aussi d'anciens rois païens, nous citerons parmi les successeurs d'Alexandre les rois de Macédoine qui furent au nombre de vingt-deux dans 175 ans, et les rois de Syrie qui furent au nombre de vingt-sept dans l'espace de 246 ans.

Il y a eu quelques exceptions à cette brièveté des

ne moururent pas de mort violente : encore l'un de ces deux , *Septime-Sévère*, succomba-t il au chagrin, parce qu'il s'était aperçu que son fils *Caracalla* avait voulu l'assassiner.

Mais lorsque l'empire fut devenu chrétien, lorsque les évêques prêchèrent en tous lieux les préceptes de la loi divine, que les peuples eurent appris qu'il existait entre le prince et les sujets d'autres liens que ceux qui étaient imposés par la force, et qu'ils devaient obéir à un empereur légitimement élu *par devoir de conscience*, le sénat et l'armée crurent pouvoir honorer la mémoire des princes qui avaient gouverné avec gloire, en reconnaissant leurs enfans pour leurs successeurs, quoiqu'ils ne fussent pas encore en âge de porter les armes et d'assister au sénat. Les fils de *Valentinien Ier*, *Gratien* et *Valentinien II*, furent proclamés empereurs dès l'enfance ; et lorsque *Valentinien II* vit son règne et ses jours menacés par un préfet du prétoire qui était païen, il n'eut recours qu'à *saint Ambroise*. Ce grand évêque partit aussitôt pour secourir l'empereur,

---

règnes de l'antiquité païenne, et la plus remarquable est le règne d'Auguste ; mais il est bien évident que cela tint à l'habileté du prince et non à la disposition des peuples à obéir par *devoir de conscience*, devoir qui n'a été connu que des *peuples chrétiens*.

et il déclare lui-même dans ses écrits qu'il aurait espéré de lui conserver le trône, si le préfet du prétoire n'avait prévenu l'effet de sa présence, en faisant assassiner son maître. Enfin le petit-fils du grand *Théodose*, *Valentinien III*, fut reconnu empereur à l'âge de cinq ans, et son règne dura trente années. V. *Tillemont Mém. Eccl.*, t. X, p. 245.

Cette autorité *civile* des empereurs chrétiens, qui avait succédé à l'autorité purement *militaire* des empereurs païens, était uniquement due à cette nouvelle magistrature que le christianisme avait montrée au monde, qui s'interposait entre l'empereur et les peuples pour prêcher en même temps la justice et la clémence au prince, et l'obéissance aux sujets. La puissance des patriciens, des tribuns, des sénateurs de l'ancienne Rome fut remplacée par l'autorité des évêques : *Constantin* et ses successeurs les appelèrent dans leurs conseils : l'empire ouvert de toutes parts aux barbares subsista encore deux siècles après sa conversion au christianisme.

Mais ce fut lorsque les peuples du nord eurent envahi les provinces romaines, et Rome même, que l'on vit combien cette magistrature, d'institution divine, était précieuse au genre humain. Les évêques traitèrent seuls pour les peuples; ils convertirent les vainqueurs à la foi chrétienne, et aussitôt ces hommes féroces devinrent les bienfaiteurs et les pères de leurs nouveaux sujets.

Les peuples conquérans, sortis des forêts de la Germanie, n'avaient point l'usage des lettres : ce ne fut qu'après leur établissement dans les provinces de l'empire qu'ils rédigèrent leurs lois par écrit ; et de même que *Théodose*, et après lui *Justinien*, firent entrer dans les lois romaines l'esprit de la morale chrétienne ; le code des Francs, appelé *la Loi salique*, le code des Goths, en Italie, celui de Visigoths en Espagne furent rédigés par des chrétiens dans la langue de l'*Eglise chrétienne*, et adoucis par sa morale. Le gouvernement fut uniforme chez ces nouveaux peuples : toutes les affaires étaient décidées dans les assemblées mixtes, qui retinrent le nom de *conciles*, et où les évêques, tous appartenant au peuple conquis, et délibérant avec les chefs de la nation conquérante, conservèrent cependant toute l'influence ; et formèrent ainsi ces gouvernemens du *moyen âge*, sur lequel on connaît le jugement qu'a porté *Montesquieu*. « La liberté civile « des peuples, dit ce grand publiciste, les préro- « gatives de la noblesse et du clergé, la puissance « des rois se trouvèrent dans un tel concert, que « je ne crois pas qu'il y ait eu sur la terre de gou- « vernement si bien tempéré que le fut celui de « chaque partie de l'Europe dans le temps qu'il « y subsista.... » Cet équilibre entre des forces si

Esprit des Lois, L. XI, ch. 8.

inégales ne s'est maintenu pendant mille ans que par la puissance de la religion chrétienne qui prescrivait aux princes de commander et aux peuples d'obéir, conformément *aux lois établies* et par *devoir de conscience* (1).

Mais lorsque , au seizième siècle, *Luther* voulut se soustraire à l'obéissance de l'église romaine; il ne put le faire qu'en méconnaissant l'autorité divine qui avait établi la hiérarchie ecclésiastique; et *Calvin*, plus conséquent que son maître , ne trouvant plus le principe de l'autorité dans le ciel , fit voir qu'on ne pouvait plus le chercher que dans le peuple. Dans cette nouvelle secte, le peuple institua les ministres de la religion , et leur donna le *pouvoir* de lui en-seigner les dogmes et la morale. La *souveraineté du peuple*, établie ainsi dans la religion , devait nécessairement passer dans le gouvernement, dès qu'un esprit juste et hardi s'éleverait dans la secte de Calvin. Cette secte avait séduit la nation écossaise, et l'avait mise en lutte avec ses souve-rains entièrement dévoués à l'ancienne religion. Au milieu de ce peuple, considéré alors comme

______

(1) Observe les bonnes anciennes coutumes, disait saint Louis à son fils : maintiens les *franchises et li-bertés* , lesquelles *tes anciens* ont gardées. *Testament de St. Louis.*

demi-barbare, se trouvait un des plus beaux esprits de l'Europe, George *Buchanan;* (A) il voulut par un seul argument triompher de l'église romaine et des rois. Dans un ouvrage fameux , ⋆ il chercha à établir que toute autorité venait du peuple, et il renversa ainsi toutes les barrières que les légis- lateurs de l'antiquité (appuyés sur ce qui s'était conservé de la loi naturelle au milieu des erreurs du paganisme) avaient élevées avec tant d'efforts contre l'inconstance des peuples, et que le chris- tianisme avait affermies depuis douze siècles. Pour porter les Ecossais à mettre en pratique ces nouveaux principes, *Buchanan* inventa, contre *Marie Stuard* les plus horribles calomnies ; et quand les rebelles l'eurent forcée de se jeter sous la puissance de la reine d'Angleterre, cet écri- vain adressa à *Elisabeth* ces fameuses accusations contre *Marie*⋆, qui, après de long délais, la con- duisirent à l'échafaud; (B) et ainsi l'homme fu- neste qui avait enseigné le premier le dogme de la *souveraineté du peuple*, fut aussi, dans le chris- tianisme, le premier moteur du régicide.

    Lorsque les *Calvinistes* ou *Presbytériens* fu- rent devenus les plus forts en Angleterre, sous le petit-fils de *Marie Stuard*, ils mirent de nouveau en vigueur le principe de la *souveraineté du peu- ple.* En conséquence, ils abolirent l'épiscopat an- glican, la chambre des pairs, et ils firent déca- piter le Roi.

⋆ De jure regni apud Scotos.

⋆ Detectio Mariæ. — Actio contra Mariam; ad Elisabetham.

Les hommes habiles qui dirigèrent la révolution de 1688, écartèrent, avec le plus grand soin, ce dogme funeste. Ils feignirent de prendre la fuite de Jacques II pour une abdication; ils déclarèrent que le peuple d'Angleterre n'avait pas le droit de choisir son Roi : les deux filles de Jacques II, et successivement le plus proche héritier dans la ligne protestante, furent appelés au trône; la chambre des pairs et l'épiscopat anglican conservèrent tout leur éclat : l'année même de l'avénement de *Guillaume et de Marie*, le jour anniversaire de la mort de *Charles* Ier fut marqué par un deuil aussi religieux que les années précédentes; et l'on célébra également, avec des fêtes, l'anniversaire de la restauration de *Charles II*. *George* Ier donna de nouvelles garanties à la puissance royale contre le dogme de la *souveraineté du peuple* en faisant déclarer les parlemens *septennaux*, sans consulter même les électeurs des villes et des comtés d'Angleterre, et en n'appelant aux fonctions publiques que les hommes absolument dévoués à sa dynastie.

Les *Whigs*, sous les deux premiers rois de cette maison, n'avaient, pas plus que les *Torys*, invoqué la *souveraineté du peuple*; et lorsque sous *George III*, les colonies anglaises d'Amérique prirent les armes contre la métropole, elles ne prétendirent combattre que pour conserver leurs droits *positifs*, pour maintenir l'exécution des anciennes *chartes* accordées par les rois, lors de l'établissement de chacune de ces colonies: et ce ne fut que dans le cours de la guerre que ces nouveaux états invoquèrent ce prétendu principe que les philosophes français avaient proclamé, et qui fut continuellement combattu par les ministres de *George III*.

Ce fut un sophiste, né dans le calvinisme, où s'était perpétuée la doctrine de *Buchanan*, d'*Hubert Languet* et de *Jurieu*, qui reproduisit en France, revêtue d'un beau langage, cette funeste doctrine, dans le livre fameux intitulé *Contrat Social*. Les immenses articles de politique de l'Encyclopédie, tous les livres des modernes philosophes ne furent que le développement de l'ouvrage du *citoyen de Genève*, et il n'y eut pas une de nos provinces où l'on ne vît des députés aux *Etats-Généraux de* 1789 emporter avec eux ce seul livre, pour *régénérer* la monarchie la plus florissante des temps modernes.

La plus effroyable tyrannie exercée en vertu de cette *souveraineté du peuple*, ayant forcé tous les Français à devenir soldats, l'Europe subit le joug des armées de la révolution, jusqu'à ce qu'une nation toute chrétienne s'arma pour la défense de la religion et du trône, et que, par son exemple et par sa puissante diversion, elle devînt la principale cause de la délivrance des autres peuples.

M. de *Châteaubriand* a terminé son grand ouvrage, le *Génie du Christianisme*, par l'examen de cette question, au sujet de l'invasion des barbares au Ve siècle : *Quel serait aujourd'hui l'état de la société si le christianisme n'eût point paru sur la terre?* « ....Que fût devenu le monde, « dit-il, si la grande arche du christianisme n'eût « sauvé les restes du genre humain de ce nouveau « déluge?.... Quel pontife de Jupiter eût marché « au-devant d'*Attila* pour l'arrêter? Quel lévite « eût persuadé à un *Alaric* de retirer ses troupes « de Rome?.... Qu'eussent fait les Goths *idolâ-* « *tres*?.... Et si au lieu de vénérer Jésus-Christ, « ils s'étaient mis à adorer Vénus et Bacchus, « quel effroyable mélange ne fût-il point résulté « de la religion sanglante d'Odin et des fables « dissolues de la Grèce?..... (1) »

----

(1) Cet important chapitre du *Génie du Christia-nisme*, que l'on ne saurait assez méditer, et que l'on admire toutes les fois qu'on le relit, est le premier ouvrage de politique de M. de Châteaubriand. J'ai vu des Espagnols montrer une grande joie en pensant que le roi de France avait confié ses *affaires étrangères* à l'homme qui a écrit ces pages, au moment où ce fils aîné de Louis XIV allait consommer la *restauration* de l'Es-

On pourrait examiner aujourd'hui cette autre question : *Quel serait l'état de l'Europe, si les Espagnols (au lieu d'avoir conservé dans toute sa vigueur cet esprit de christianisme, qui fait qu'on ne compte pour rien la perte de la vie, lorsqu'il s'agit de conserver sa religion) corrompus et amollis par l'épicuréisme moderne, eussent subi le joug de Buonaparte, et qu'ils lui eussent livré tous leurs enfans pour faire la guerre à l'Europe?* — La réponse est simple : Buonaparte aurait eu pour attaquer la Prusse, l'Autriche et la Russie, les six cent millions qu'il a dépensés pour la guerre en Espagne, et une somme pareille au moins qu'il y aurait imposée, les 600,000 hommes qui ont péri dans ce pays depuis 1808 jusqu'en 1814, et autres 600,000 hommes au moins qu'il aurait pu lever dans la péninsule pendant ces six années. M. *Bignon* a bien fait voir quelles ont été les suites de la résistance de l'Espagne au nouvel *Attila*.

---

pagne, si bien commencée à Vérone par les négociations de M. de Montmorency.

La nomination de M. le marquis de Talaru, ami de ces deux ministres, à l'ambassade de S. M. T. C. auprès de S. M. C., mettra le comble à la satisfaction et aux justes espérances de tous les bons Espagnols.

« Si à la fin de la longue lutte qu'il a soutenue vingt *Les Cabinets et les Peuples,* p. 387 *et suiv.*
ans, le gouvernement britannique (dit ce député), est
resté maître du champ de bataille ; à qui en est-il rede-
vable? A sa politique, à ses trésors, au continent tout
entier? Non ; à un allié unique, à la *nation espagnole.*

« La Prusse, à la suite d'une entreprise téméraire
(en 1806), est tombée dans le néant...... Le palais de
Frédéric II pouvait long-temps encore être un quartier-
général français. Qui donc intercédera pour la Prusse ?
Une puissance qui *ne négocie que l'épée à la main,*
l'Espagne, la *seule Espagne,* en forçant les Français
de porter cent cinquante mille hommes au-delà des Pyrénées. Le territoire prussien est délivré; Frédéric Guillaume est rentré dans sa capitale : qui l'y a ramené? *La
nation espagnole.*

« Tandis que Napoléon, étonné du peu de progrès
de ses lieutenants, veut en personne porter des coups
décisifs à cette nation cent fois vaincue, et *toujours
indomtable,* le cabinet autrichien, en 1809, a jugé
l'occasion propice. Le partage des forces de la France
multiplie, pour lui, les chances du succès. Déjà c'en est
un très-grand d'arracher de l'Espagne Napoléon, et de
perpétuer ainsi cette guerre dévorante. Napoléon quitte
en frémissant les bords du *Mançanarès;* il accourt sur le
Danube; il combat, il triomphe ; il est dans Vienne pour
la seconde fois. Tous les obstacles sont aplanis ; la victoire lui prodigue ses lauriers dans les champs de *Wa-
gram;* il s'arrête et négocie. Maître d'étendre plus loin
ses conquêtes, s'il est impatient de signer la paix, quel
est l'ascendant soudain qui lui inspire cette modération

inattendue? Qui sauve l'Autriche du ressentiment d'un ennemi vivement offensé? Le *même auxiliaire qui a sauvé la Prusse, la nation espagnole.*

« Une vaste guerre conduit Napoléon à *Moscou;* le vainqueur de *Smolensk*, le vainqueur de la *Moscowa* revient en fugitif à Paris, comme retourna Xerxès à Persépolis...... Où sont donc ces bataillons aguerris dont la présence lui rendrait en Allemagne et en Pologne sa domination détruite? Qui les retient, qui les occupe, *quel infatigable ennemi*, battu par eux la veille, les provoque encore au combat le lendemain? *Qui sauve enfin la Russie, comme la Prusse et l'Autriche? La nation espagnole.*

«.... En Espagne, ce n'est pas avec un cabinet, mais avec une nation que la lutte est engagée; et c'est là seulement qu'un triomphe définitif est refusé à nos armes. Napoléon régnerait encore, toutes les puissances du continent seraient encore à ses pieds, l'Angleterre aurait subi une seconde fois la paix d'Amiens, si, se bornant à des guerres de cabinet contre des cabinets, d'armée contre des armées, il n'eût pas déclaré la guerre au *moral* d'une nation.... »

Le *moral* de l'Espagne, comme nous l'avons fait voir dans tout cet écrit, est un attachement invincible à la religion. Une armée révolutionnaire a de nouveau surpris ce peuple en 1820 : recrutée de tous les bandits de l'Europe, elle s'est retranchée dans cette immense péninsule, d'où elle n'a cessé depuis trois ans de menacer ou d'insulter

toutes les monarchies. Si la religion n'avait pas
conservé sa puissance en Espagne, et que la population eût obéi aux révolutionnaires, les forces
de toutes les puissances du continent auraient été
nécessaires pour la combattre; et en considérant
les intelligences que les *libéraux* ont en tous
lieux, on sent combien cette lutte aurait été
difficile et sanglante, et quels dangers elle aurait
fait courir à l'Europe.

Remarquez que, pour qu'il n'y eût aucun
doute que la religion était la seule cause de
la résistance de l'Espagne, la Providence semble
avoir permis que dans les deux guerres contre
la révolution, commandée il y a dix ans par
Buonaparte, et aujourd'hui par les *cortès*, les
grands de ce pays aient paru avoir renoncé à
leur droit naturel d'être les chefs du peuple,
et que l'armée de la véritable Espagne n'ait pu
s'appeler que l'*Armée de la Foi.*

*L'Espagne chrétienne et royaliste vous at-
tend,* a dit à monseigneur le duc d'Angoulême le
premier magistrat (1) d'une de nos villes qui a

____

(1) M. de *Rozières*, maire d'Alby. Cette ville a
exercé envers le général *Romagosa* et la garnison
d'Urgel la plus noble hospitalité. Les Espagnols, de
retour dans leur patrie, accorderont la même louange à
toutes nos villes du Midi; et la parole du grand roi

donné la plus touchante hospitalité aux royalistes espagnols. Ce Français chrétien et royaliste était assuré de ne pas se tromper : la fidèle ville de *Burgos*, l'héroïque *Sarragosse*, les villes et tous les bourgs de l'Espagne sont venus au devant des étendards du fils de saint Louis; et sans aucun doute tout le *royaume catholique* va être bientôt rendu à son gouvernement légitime dont la religion sera toujours le *principe*.

Les révolutionnaires fuyant devant le drapeau blanc, se sont flattés vainement qu'on transigerait avec leurs doctrines et qu'on leur préparerait ainsi de nouvelles victoires : les paroles sacrées du roi de France, prononcées du haut de son trône, garantissent qu'on ne traitera pas avec les rebelles, et que les sophistes armés qui portent écrit sur leurs drapeaux le vain mot de *Souveraineté du Peuple*, seront à jamais éloignés de toute participation au gouvernement de ce noble peuple qui les abhorre, et qui, par la pureté de ses principes et par son caractère inaltérable, continuera d'être l'honneur et le boulevard de la chrétienté (1).

---

n'aura jamais été aussi pleinement accomplie : *il n'y aura plus de Pyrénées.*

(1) Nous rappellerons ici les expressions du prince de Metternich, écrivant de Vérone au chargé d'affaires

De même que la foi chrétienne, universellement conservée en Espagne, a distingué ce
peuple dans les dernières commotions de la
société Européenne ; de même cette foi distingue les familles fidèles dans les autres nations
de l'Europe. Un nouveau *Tertullien* pourrait encore dire : « Il ne s'est point trouvé parmi nous
« de *Niger,* ni d'*Albin*, ni de *Cassius ;* il ne s'y
« est pas même trouvé de *Nigriens*, ni d'*Albi-*
« *niens*, ni de *Cassiens.* » Le caractère le plus
remarquable de chaque chrétien, hors de la vie
privée, est une fidélité inébranlable au prince et
aux lois de son pays : et si en France quelques
villes ou quelques campagnes ont été séduites par
les ennemis de l'ordre public ; que des missionnaires de l'Evangile y apparaissent, le peuple,
après avoir entendu leurs prédications, termine
ses chants religieux en criant *vive le Roi* (1)!

V. ci-dessus p. 164.

---

d'Autriche à Madrid : « A une époque peu éloignée,
« l'Espagne a encore étonné le monde par le courage,
« le dévouement et la persévérance qu'elle a opposés à
« l'ambition usurpatrice qui prétendait la priver de son
« monarque et de ses lois ; et l'Autriche n'oubliera ja-
« mais combien la noble résistance du peuple espagnol
« lui a été utile dans un moment de grand danger pour
« elle-même. »

(1) On a vu dans les journaux de ce mois les effets
d'une *mission* dans la petite ville de *Thouars,* que

La religion chrétienne a seule constitué tous les états de l'Europe moderne : une expérience de trente années, et plus encore les fureurs de la secte révolutionnaire (1) contre les ministres de cette religion, prouvent que la fidélité à sa doctrine peut seule conserver les états, garantir l'obéissance et le bonheur des peuples, la sécurité et la gloire des rois.

Berton avait choisie, il y a un an, pour lieu de son triomphe. Il n'y a pas eu une seule exception en France aux merveilleux effets de ces prédications de l'évangile.

(1) Que ces sectaires prennent le nom de *libéraux*, de *libérales*, de *carbonari*, de *teutoniens*, de *radicaux*, leur premier caractère est la haine de la religion chrétienne ; leur première passion est d'exterminer, et du moins de déporter ou de déposer ses ministres. Les preuves en sont partout, et se renouvellent tous les jours. A la chambre des communes, le 7 de ce mois, un honorable membre, M. *Hume*, a qualifié le libraire *Richard Carlile* (condamné comme blasphémateur et éditeur de livres impies et séditieux) d'homme *moral*, et des *meilleurs* de l'Angleterre. Le *Morning-Chronicle*, organe des *radicaux*, a célébré en termes pompeux le *courage* de M. *Hume :* il l'a loué de *n'avoir pas sacrifié sur les autels de la timidité et du machiavélisme*, c'est-à-dire d'avoir professé nettement et publiquement les principes de la secte.

OBSERVATIONS qui se rapportent aux renvois (A) et (B) du chapitre XII.

*Sur l'époque où l'on a voulu faire considérer la sou-
veraineté du peuple comme le fondement de la
société civile.*

Aucun des législateurs de l'antiquité n'avait eu l'idée de chercher dans le peuple le principe des lois humaines et de la stabilité des états. « Vous ne trouverez jamais, « dit *Plutarque*, une ville qui soit sans dieu, *qui n'ait* « *point de serment à jurer...* Ainsi me semble que « plutôt une ville serait *sans sol* qu'une police ne s'y « établirait sans aucune religion ou opinion des dieux. [*C. Colotes l'épicurien, ch. 49. Traduction d'Amyot.*]

« *Lycurgue*, dit ailleurs *Plutarque*, avant de partir « pour *Delphes*, fit *jurer* premièrement aux rois et aux « sénateurs, puis conséquemment à tout le peuple, « qu'ils garderaient ses ordonnances et ses statuts sans « y rien changer jusqu'à tant qu'il fût de retour..... « Après avoir de rechef sacrifié à Apollon, et pris congé « de son fils et de ses amis, il résolut de mourir, afin « que ses citoyens ne pussent jamais être absous du « serment qu'ils avaient fait entre ses mains.... Il n'a « pas été déçu de son espérance, car sa ville a été la « première du monde en gloire et en bonté de gouver- « nement l'espace de cinq cents ans durant. [*Vie de Lycurgue, ch. 60.*]

« *Numa*, dit *Denis d'Halicarnasse*, trouva que « les anciens avaient déjà décerné un culte et une vé- [*Antiquités romaines, liv. II, ch. 31.*]

« nération suffisante à la *Justice*, à Thémis, à Némésis,
« *déesse de la vengeance....* Il fut le premier de tous
« les hommes qui érigea un temple à la *foi publique*,
« ordonnant qu'on lui offrirait des *sacrifices* comme
« aux autres divinités. Par ce moyen la scrupuleuse
« exactitude de la république à garder inviolablement
« sa *foi* et sa parole, ne pouvait pas manquer de passer
« avec le temps dans les mœurs des particuliers. »

Aussi, dans les séditions populaires, soit en Grèce,
soit à Rome, les opprimés se bornèrent toujours à demander l'exécution des lois sanctionnées par le *serment*
des fondateurs et des premiers habitants de la cité. Jamais un orateur *démagogue* ou un tribun n'a dit ces paroles : *Tous les hommes sont libres et égaux en droits.*
Chacun de ces *défenseurs* du peuple avait une multitude d'esclaves sur ses terres et dans sa maison ; ils
se bornaient donc toujours à réclamer des *droits positifs :* leur habileté ne consistait qu'à interpréter, d'une
manière favorable à leur cause, *les lois établies.*

Cette inspiration de la loi naturelle, le lien du *serment*,
avait suffi pour conserver les anciennes sociétés. Mais
la philosophie épicurienne, qui niait l'empire de la divinité, détruisit les premiers principes du gouvernement
dans les villes grecques, et enfin dans la république romaine. La religion révélée, comme il a été montré dans
le chapitre précédent, rétablit, d'une manière bien plus
ferme, l'obéissance et la fidélité des peuples. Ce ne fut
qu'au seizième siècle, lorsque Luther et les autres hérésiarques attaquèrent le fondement même de la révélation, en méconnaissant l'autorité de ceux à qui il a

été dit : *Allez, et enseignez* ; ce ne fut qu'alors que ne voulant plus reconnaître dans le ciel le principe de l'autorité, on le chercha dans le peuple. En Angleterre, en Danemark, en Suède, dans le nord de l'Allemagne, les princes, pour s'emparer des biens ecclésiastiques, ou satisfaire leurs passions, embrassèrent la prétendue *réforme* ; et les sectaires, bien loin d'attaquer dans ces pays la puissance des souverains, la rendirent partout despotique pour en faire un moyen d'oppression et de persécution. Mais dans l'Ecosse, qui fut promptement envahie par l'hérésie, les souverains *Jacques V*, *Marie de Lorraine* et *Marie-Stuart*, leur fille, montrèrent un attachement inébranlable à la religion catholique : aussi ce fut dans ce pays qu'un écrivain aussi habile que pervers fit passer dans la politique les sophismes théologiques de Calvin, et qu'il imagina le système de la *souveraineté du peuple*. La dernière conséquence de cette doctrine est que la *justice* ne vient pas des lois éternelles établies par Dieu même, mais qu'elle n'est autre chose que la *volonté du peuple* ; de sorte que (comme l'a exprimé formellement *Jurieu*, disciple de *Buchanan*, et après *Jurieu*, *Rousseau* et tous les *encyclopédistes*) *le peuple est la seule* autorité QUI N'AIT PAS BESOIN D'AVOIR RAISON POUR LÉGITIMER SES ACTES : principe monstrueux repoussé par tous les philosophes de l'antiquité, et avec tant de force et d'éloquence, par Cicéron ; et qui n'a pu être reproduit que par les philosophes modernes qui, ayant fermé les yeux à la lumière révélée, n'ont plus été dignes ni capables de conserver la lumière naturelle. Cette doctrine,

qui a substitué la volonté de ce qu'on appelle le *peuple*
aux lois éternelles du créateur, a été la cause des crimes
effroyables des révolutionnaires modernes, auprès desquels les *Tibère*, les *Néron* et les autres tyrans de
l'antiquité ont été des hommes modérés, même justes
et *humains* (1).

----

(1) Un seul jour des *mitraillades* de Lyon a fait périr un nombre
d'hommes fort supérieur à celui des Romains auxquels *Tibère*,
Caligula, *Néron* et *Domitien* ont envoyé l'ordre de mourir, dans
la durée de leurs règnes qui, réunis, font environ cinquante ans.

Cherchez dans *Appien* s'il y eut une seule femme inscrite sur les
tables de proscription de *Marius* et de *Sylla*. Dans la ville de Paris
seule il y a eu douze cent trente-quatre femmes envoyées à l'échafaud, je ne dirai pas par des Français, mais par des monstres créés
par les *gaîtés* de *Voltaire* et l'*humanité* de *Rousseau*.

Mézence n'était-il pas un bonhomme auprès de l'inventeur des
mariages républicains?

Cherchez dans *Thucydide* et dans *Xénophon*, où sont rapportés
les hauts faits de la populace d'Athènes : vous y verrez des hommes
illustres bannis, quelques honnêtes gens condamnés à boire la
ciguë; mais il était réservé à l'athéisme moderne de produire les
septembriseurs et les chevaliers du *marteau*.

D'une application du droit divin *introduite par Jacques I*er*, roi d'Angleterre, et par les théologiens anglicans.*

Buchanan fut donné pour précepteur au fils de *Marie Stuart* par les sectaires qui avaient livré leur reine à *Elisabeth* (1). Ce prince, qui devint roi d'Angleterre, sous le nom de *Jacques I*er, connaissait mieux que personne les conséquences de ses doctrines : parvenu au trône, il ne cessa de les attaquer dans ses discours au Parlement et dans les instructions qu'il composa pour son fils. Il lui dit : « Lisez l'histoire, surtout celle « de votre pays : mais je n'entends point parler de ces « libelles de *Buchanan* et de *Knox.* S'il se trouve quel- « qu'un sous votre règne qui en ait gardé des exem- « plaires, livrez-les à toute la sévérité de mes lois ; « car, en ce point, je vous permettrai de partager les « rêveries de *Pythagore*, et de croire que l'âme cri- « minelle de ces écrivains séditieux passera dans ceux « qui recèlent leurs livres et soutiennent leurs opinions. »

De Institut. principis. Jacobi, M. B. regis, opera. p. 163.

---

(1) Comme j'entends dire qu'un auteur anglais qu'on lit beaucoup dans ce moment à Paris, a mêlé dans un de ses romans historiques les calomnies de *Buchanan* contre *Marie Stuart*, je crois utile de rapporter sur l'histoire de cette princesse un témoignage qui n'est pas suspect, même aux partisans de la *philosophie :* celui de M. Gaillard (dans son histoire de la *rivalité de la France et de l'Angleterre*) : « J'avoue que s'il est pour moi un problème « historique résolu, c'est celui de l'innocence de Marie Stuart.... « Si sa vie entière est une preuve de son innocence, sa mort en est « une démonstration. »

Ibid., p. 147.

« ......La réforme de la religion, dit *Jacques I*ᵉʳ,
« dans le même écrit, s'opéra, en Ecosse, sans aucun
« ordre du prince; tandis qu'il en était si différemment
« dans l'Angleterre, dans le Danemark et dans les diffé-
« rentes provinces de l'Allemagne. »

« En Ecosse, quelques ministres de la religion,
« hommes remuans, ardens, audacieux, surent se
« rendre, au milieu de ce bouleversement des choses
« divines et humaines, si agréables à la multitude,
« qu'après avoir goûté les douceurs de la puissance,
« ils commencèrent bientôt à rêver, à leur profit, une
« forme *démocratique* de gouvernement. Enhardis
« d'abord par la chute de mon aïeule, bientôt après, par
« celle de ma mère, tristes succès qui ne flattaient que
« trop leur ambition; après avoir enfin long-temps
« abusé de la faiblesse de mon âge pour consolider leur
« *démocratie*, ils avaient fini par tourner tous leurs
« regards vers la *puissance tribunitienne*, qu'ils se
« croyaient sûrs de conquérir. Leur intention était de
« s'emparer seuls de la marche de toutes les affaires,
« pour conduire plus facilement le peuple au gré de leurs
« désirs. Aussi n'y a-t-il pas eu pendant mon enfance,
« et même plus tard *une seule sédition*, dont les au-
« teurs ne se soient efforcés de mettre leurs fureurs et
« leur criminelle entreprise sous le patronage de ces
« hommes dont je viens de parler. Dans leurs assemblées
« tribunitiennes, ils répandaient sur moi les flots de la
« plus noire calomnie; non que je me fusse rendu cou-
« pable de quelque crime, *mais par ce que j'étais*
« *roi*, seul crime irrémissible à leurs yeux.... Ils regar-

« dent tous les rois et les *princes de l'église* comme
« des ennemis de la liberté. »

Ce monarque, ayant toujours en vue les attaques des
Puritains contre les rois, s'exprima ainsi dans un de ses
discours au Parlement : « Comme c'est un blasphème   *Rapin*
« que de disputer sur la puissance de Dieu, c'est sédi-   *Thoyras,*
« tion dans les sujets que de disputer sur ce que le roi   *année 1621.*
« peut faire dans toute l'étendue de son pouvoir. »

Les jurisconsultes développèrent cette doctrine du
monarque : « Dans ce temps, dit *Hume*, la prérogative   *Année 1625.*
« de la couronne était représentée par les jurisconsultes
« comme une chose réelle et permanente, semblable à
« ces *éternelles essences* de l'école, que le temps ni
« la force ne sont pas capables d'altérer...... Les théo-
« logiens appelaient au secours le sceau de la religion.
« Ces doctrines parurent plus nécessaires dans ce temps,
« parce que les *Puritains* commencèrent à publier une
« doctrine opposée. »

*Jacques I*er transmit ces doctrines à sa postérité.
Charles I*er* croyait qu'au titre de roi était attaché une
autorité au-dessus des lois, en vertu du *droit divin ;*
et il ne croyait pouvoir résister autrement [aux sectaires
qui dominèrent de son temps, et qui ne reconnaissaient
que la *souveraineté du peuple*. Au milieu était la vérité, telle que les docteurs catholiques l'ont toujours
reconnue : c'est que tous les gouvernemens sont dans
l'ordre de Dieu, les républiques comme les monarchies,
les monarchies mixtes comme les monarchies absolues.
Thomas Morus s'était mis deux fois à la tête de l'opposition sous *Henri VII* et sous *Henri VIII*, pour

empêcher la levée d'un *subside*; et sans proclamer l'*insurrection*, comme le firent depuis les *héros puritains* sous *Charles Ier*, il parvint à faire retirer ces impôts, par la seule force de son caractère qui peu après lui fit défendre la religion catholique jusqu'à l'effusion de son sang,

L'application du *droit divin* introduite par les théologiens anglicans du dix-septième siècle, et qui serait évidemment destructive des limites posées à l'autorité royale par la constitution d'Angleterre, a perdu la maison de Stuart. Jacques II, quoique publiquement catholique, et ayant à sa cour un nonce du pape, régna quatre ans avec une autorité non contestée. Mais lorsqu'il déclara que son pouvoir était au-dessus des lois, qu'il pouvait en conséquence dispenser de leur exécution, et qu'il mit en pratique cette maxime, tous les partis se réunirent contre ce monarque, jusqu'aux plus ardens promoteurs de la restauration de Charles II, jusqu'aux fils de *Monk* et de *Clarendon*.

Une conséquence évidente de la doctrine introduite par la maison de Stuart établirait dans les démocraties, dans les aristocraties comme dans des monarchies, le gouvernement purement *arbitraire*; les pouvoirs des magistrats ne pourraient pas même être réglés par des lois politiques. Par exemple, les Etats-Généraux et *souverains* des *Provinces-Unies des Pays-Bas* auraient pu *chaque jour* retirer le *stathoudérat*, ou le *pouvoir exécutif*, au prince d'Orange, quoique ce pouvoir eût été déclaré *héréditaire et perpétuel* dans sa maison par la loi politique de l'état; et le prince d'Orange, déclaré roi des *Pays-Bas*, pourrait à son tour priver du *pouvoir législatif* les Etats-Généraux actuels.

Ce sont de semblables applications du *droit divin* que M. de Châteaubriand avait évidemment en vue, lorsque, dans son discours à la Chambre des Députés, après avoir rapporté ces paroles à jamais mémorables de l'empereur Alexandre : *La Providence n'a pas mis à mes ordres 800,000 soldats pour satisfaire mon ambition, mais pour protéger la religion, la morale et la justice, et pour faire régner ces principes d'ordre sur lesquels repose la société humaine*, ce ministre s'exprima ainsi : « De telles « paroles dans la bouche d'un tel souverain, mé- « ritaient bien d'être recueillies..... La modération « est le caractère dominant du caractère d'Alexandre : « croyez-vous donc qu'il ait voulu la guerre à tout prix, « en vertu de je ne sais quel *droit divin*, et en haine « des libertés des peuples ? » Et plus loin : « Il nous « était libre de parler ou de ne pas parler d'institutions « à donner à l'Espagne. Si nous n'en avions rien dit, à « l'instant on se fût écrié que nous voulions faire la « guerre pour rétablir le *roi absolu* et l'*Inquisition*; « mais parce qu'il était juste, généreux et politique de « parler d'institutions, fallait-il reconnaître la *souve-* « *raineté du peuple* proclamée dans la constitution es- « pagnole? fallait-il se soumettre à deux principes qui « bouleverseraient tout l'ordre social; cette *souverai-* « *neté du peuple* et l'*insurrection militaire* ? »

Ces derniers mots expliquaient les premiers. Quels adversaires M. de Châteaubriand avait-il en vue dans son discours sur la guerre à la révolution d'Espagne? Uniquement le ministère anglais, duquel, depuis six mois, tous les révolutionnaires de l'Europe invoquaient l'assistance, et qui, au congrès de Véronne, et depuis, avait employé tous les efforts de sa politique pour empêcher cette guerre. Les écrivains de ce ministère ne cessaient de dire que le discours du roi de France, à l'ouverture de la session, contenait un principe offensant pour la maison d'Hanovre, qui règne en vertu de l'*acte de succession* et de la révolution de 1688; et ils proclamaient (comme l'a fait depuis M. Canning, dans la séance de la Chambre des Communes du 14 avril) que ce principe *blessait les fondemens mêmes de la constitution d'Angleterre.*

Or, sur quoi sont fondées ces plaintes tant répétées en Angleterre? C'est sur ce que la maison de Stuart prétendait régner en vertu d'un *droit divin* qui l'aurait mise *au-dessus des lois*, et d'après lequel les droits du Parlement n'auraient été que des concessions de la couronne, révocables à la volonté du monarque; et cela d'après un principe, ou plutôt en vertu d'un dogme *révélé* qui aurait conféré un pouvoir semblable et sans limites à tous les souverains, et qui aurait rendu vaines toutes les lois et toutes les constitutions des peuples. M. de Châteaubriand crut donc devoir repousser cette idée que ses adversaires affectaient de montrer dans le discours du roi de France et dans les principes de la *sainte alliance*; et lorsqu'il dit ces paroles: *croyez-*

vous qu'Alexandre ait voulu la guerre à tout prix, en vertu de je ne sais quel droit divin et en haine des libertés des peuples? C'est comme s'il avait dit : *Croyez-vous qu'Alexandre condamne les diverses constitutions des états, qu'il prétende que le conseil populaire de Schwitz ou que le sénat de Berne ne soient pas des gouvernemens légitimes, et qu'il soit l'ennemi de toute liberté? Non, ses principes, manifestés par la* déclaration de Laybac, *commune à tous les souverains alliés (hors l'Angleterre) exprimés solennellement par le Roi de France, du haut de son trône, sont que tout le droit public de la confédération européenne a pour base la répression (par toutes les forces de l'alliance) de toute rébellion contre tout* gouvernement établi, *quelque forme que les lois anciennes aient donnée à ces gouvernemens.*

Il est évident que les paroles de M. de Châteaubriand n'avaient point d'autre sens, et quelles ne pouvaient en avoir d'autre. En prononçant son discours, il n'avait en perspective que ses adversaires, les ministres et les orateurs d'Angleterre ; ses expressions n'étaient que *relatives* à l'application qu'on avait voulu faire du *droit divin* dans ce pays.

Mais on trouva dans ces paroles un danger que M. de Châteaubriand, préoccupé de ses pensées au milieu de la grande lutte où il était engagé, n'avait point aperçu. Quelques personnes craignirent qu'on ne prît dans un sens *absolu* les mots dont ce ministre s'était servi en parlant du *droit divin*, et qu'ils ne parussent en opposition avec ce texte des livres sacrés :

Toute puissance vient de Dieu. Un écrivain illustre à qui l'Europe doit la plus belle apologie de la religion chrétienne qui ait paru depuis Pascal et Bossuet, a cru devoir saisir cette occasion pour rappeler les principes de tout catholique sur la source de l'autorité. L'auteur du *Génie du christianisme* et l'auteur de l'*Essai sur l'indifférence en matière de religion* (1), ont paru un moment opposés; et les écrivains libéraux en ont montré une grande joie : il est aisé de leur en ôter tout sujet. M. *de Châteaubriand* a repoussé l'explication du *droit divin* donnée par les *théologiens anglicans*, et M. l'abbé *de La Mennais* n'a eu d'autre intention que de défendre le dogme catholique. Des philosophes semblables aux disciples de Platon et d'Aristote disputeraient jusqu'à la fin des temps sur un pareil sujet : des hommes du génie le plus élevé, qui sont unis par une foi commune, s'entendent pour ne donner aux textes des livres saints que le sens que leur a conservé la tradition de l'Eglise. Or voici comment s'exprime Bossuet, dans son livre intitulé : *Politique tirée des propres paroles de l'Ecriture-Sainte*, adressée au fils de Louis XIV.

Liv. II, ch. I*er*, 12e proposition.

----

(1) Ouvrage traduit dans toutes les langues de l'Europe. On ferait aussi un bien précieux volume des belles pages de politique religieuse que M. l'abbé *de La Mennais* a publiées dans le *Conservateur* et dans le *Défenseur*; on y réunirait quatre chapitres de cette haute politique que ce philosophe chrétien a publiés cette année sous ces titres : De la *Sainte Alliance*, de la *Révolution d'Espagne*, le *Vingt-Un Janvier*, de l'*Avenir*. Ce recueil offrirait des principes de gouvernement qui pourraient assurer le bonheur et la stabilité de toutes les monarchies chrétiennes.

« *Que toute âme soit soumise aux puissances su-*
« *périeures ; car il n'y a point de puissance qui ne*
« *soit de Dieu, et toutes celles qui sont, c'est Dieu*
« *qui les a établies : ainsi, qui résiste à la puissance,*
« *résiste à l'ordre de Dieu.*

*Épître
de saint Paul
aux Romains,
ch. XIII.*

« Il n'y a aucune forme de gouvernement, ni aucun
« établissement humain qui n'ait ses inconvéniens ; de
« sorte qu'il faut demeurer dans l'état auquel *un long*
« *temps* a accoutumé le peuple. C'est pourquoi Dieu
« prend en sa protection tous les gouvernemens légi-
« times en *quelque forme* qu'ils soient établis : qui en-
« treprend de les renverser, n'est pas seulement ennemi
« public, mais ennemi de Dieu. »

Donc, Jacques Ier, ses jurisconsultes et ses théologiens furent malhabiles de réfuter la doctrine de *Buchanan* et de *Knox* sur cette *souveraineté du peuple*,
qui devait conduire les rois à l'échafaud et les peuples à
une éternelle anarchie ; en lui opposant un *droit divin*,
d'après lequel tous les rois seraient absolus : au lieu d'in-
voquer l'*ancienne forme* du gouvernement anglais, tel
qu'il était établi, depuis quatre siècles, par la *grande
charte ;* qui réglait les droits de la couronne et ceux des
conseils de la nation ; qui garantissait au monarque son
inviolabilité avec toutes ses prérogatives, et au Parlement le libre octroi des subsides avec tous ses priviléges.

Donc, M. de Châteaubriand, ayant pour adversaire
l'opinion de l'Angleterre, et voulant combattre une révolution contre laquelle la France devait exécuter le
vœu de la grande alliance européenne, a pu dire ces paroles : « Croyez-vous qu'Alexandre ait voulu la guerre

« à tout prix, en vertu de je ne sais quel *droit divin* et
« en haine des libertés des peuples ? » Il parlait de ce
droit divin dans l'acception que lui donnaient les Anglais
ses adversaires ; et il se conformait à la doctrine exposée
par Bossuet, en ajoutant : « Assez de libertés natio-
« nales reposent dans les lois des *anciennes* Cortès de
« Castille et d'Aragon, pour que les Espagnols y trou-
« vent à la fois un remède contre l'anarchie et le dés-
« potisme. «

M. Bignon avait aussi parlé du *droit divin* à la tribune, dans l'avant-dernière session. « C'est nous (disait
« ce chef du parti libéral) qui constamment voulons
« assurer à la maison régnante, par tous les articles de
« lois, la légitimité constitutionnelle de la maison de
« Hanovre. Ce sont MM. les ministres et leurs parti-
« sans qui s'évertuent à la priver de cette légitimité na-
« tionale pour ne lui laisser que la légitimité *divine* des
« Stuarts. »

Non, nous ne fondons pas les droits de notre maison
régnante sur le système des théologiens anglicans du
dix-septième siècle, mais sur la doctrine exposée par
Bossuet * ; nous les fondons sur une succession de huit
cents trente années, la plus glorieuse, la plus longue
qui ait été offerte par l'histoire du genre humain.

------

*Vie
de Fénélon,
par
le chevalier
Ramsay,
p. 174-75.*

* Nous joindrions à l'autorité de *Bossuet* celle de
Fénélon : « Vers 1709, dit un témoin oculaire, Jac-
ques III passa quelque temps chez l'archevêque de
Cambrai. M. de Fénélon eut plusieurs conférences avec

ce jeune prince, qui l'écoutait avec vénération et docilité.... Il lui fit voir les avantages qu'il pouvait tirer de la forme du gouvernement de son pays. « Tout prince « sage, disait-il, doit souhaiter d'avoir un conseil su- « prême qui modère son autorité. L'autorité paternelle « est le premier modèle des gouvernemens : tout bon « père doit agir de concert avec ses enfans les plus sages « et les plus expérimentés.... Quand l'autorité suprême, « continuait Fénélon, est une fois fixée par les lois fon- « damentales, *dans un seul, dans peu* ou *dans plu-* « *sieurs,* il faut en supporter les abus, si l'on ne peut « y remédier par des voies compatibles avec l'ordre.... « On ne trouvera pas le bonheur de la société humaine « en changeant et en bouleversant les *formes établies.* »

Jacques III avait alors l'espoir prochain d'être rappelé sur le trône par la reine Anne, sa sœur, qui avait été la fille chérie de Jacques II, et qui n'avait plus l'espoir d'avoir des enfans. Ce prince aurait aplani toutes les obstacles à son avènement à la couronne, s'il avait voulu exercer un acte du culte anglican ; mais il s'y refusa constamment : conduite héroïque, qu'une ligne obscure de l'histoire transmettra à peine à la postérité, et dont la gloire est conservée pour un autre ordre de choses.

F I N.

De l'Imprimerie d'A. EGRON, rue des Noyers, n° 37.

www.ingramcontent.com/pod-product-compliance
Ingram Content Group UK Ltd.
Pitfield, Milton Keynes, MK11 3LW, UK
UKHW022214120726
13694UKWH00002B/545